EL LIBRO DE LOS
ANIMALES

DK LONDRES
Edición sénior Daniel Mills
Edición de arte sénior Vicky Short
Diseño de cubierta Mark Cavanagh
Preproducción Lucy Sims
Control de producción Alice Sykes
Edición ejecutiva Paula Regan
Edición ejecutiva de arte Owen Peyton Jones
Dirección editorial Sarah Larter
Dirección de arte Phil Ormerod
Subdirección de publicaciones Liz Wheeler
Dirección de publicaciones Jonathan Metcalf

DK DELHI
Edición sénior Alka Ranjan
Edición de arte sénior Mahua Sharma
Edición Susmita Dey, Neha Pande
Edición de arte Sanjay Chauhan, Rakesh Khundongbam,
Vaibhav Rastogi
Diseño de maquetación sénior Harish Aggarwal
Diseño de maquetación Arvind Kumar
Documentación iconográfica Ashwin Raju Adimari
Edición ejecutiva Rohan Sinha
Subdirección ejecutiva de arte Sudakshina Basu
Dirección de preproducción Balwant Singh
Dirección de producción Pankaj Sharma
Dirección de documentación iconográfica Taiyaba Khatoon

De la edición en español:
Coordinación editorial Helena Peña Del Valle
Asistencia editorial y producción Eduard Sepúlveda

Servicios editoriales Tinta Simpàtica
Traducción Ana Riera Aragay

Publicado originalmente en Gran Bretaña en 2013
por Dorling Kindersley Limited
DK, 20 Vauxhall Bridge Road,
Londres, SW1V 2SA
Parte de Penguin Random House

ISBN: 978-0-7440-9410-7

Impreso y encuadernado en China

www.dkespañol.com

MIXTO
Papel | Apoyando la
silvicultura responsable
FSC™ C018179
www.fsc.org

Este libro se ha impreso con papel certificado
por el Forest Stewardship Council™ como
parte del compromiso de DK por un futuro
sostenible. **Para más información, visita**
www.dk.com/uk/information/sustainability

SOBRE EL AUTOR

David Burnie es miembro de la Sociedad Zoológica de
Londres y ha escrito y colaborado en más de un centenar
de libros sobre el mundo natural. Ha sido consultor de los
exitosos libros de DK *Animal* y *The Natural History Book*,
y ha recibido el Premio Aventis para libros de ciencia.

CONTENIDOS

Nitrobacter

Oreja de liebre

Pino silvestre

Estrella cojín roja

Insectos 80

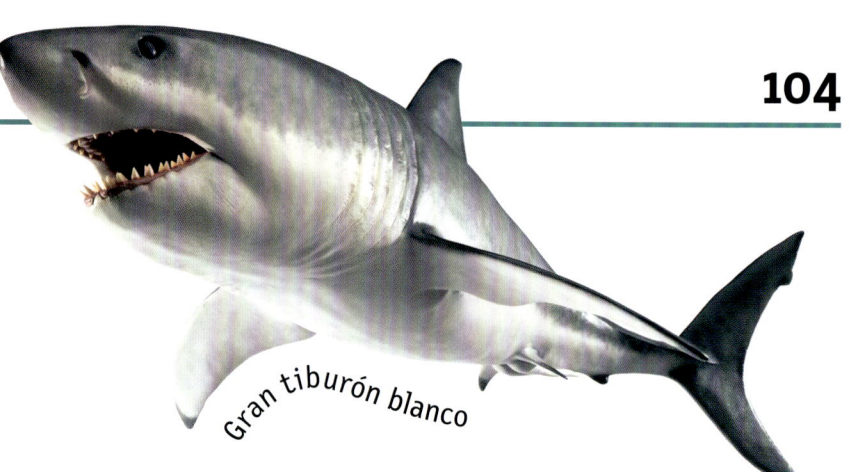

Mariquita de veintidós puntos

Peces 104

Gran tiburón blanco

Anfibios 126

Salamandra tigre

Reptiles 138

Cascabel diamantina del oeste

Aves

Lori gárrulo

Mamíferos

Foca común

Índice

Enterococcus faecalis

Matamoscas

Lirio de fuego

Prólogo

Este libro es una guía con la que descubrirás todo tipo de seres vivos. Sabrás qué aspecto tienen, cómo viven y cómo se comportan las bacterias, los insectos, los gusanos y hasta las ballenas.

Si ya tienes alma de naturalista, sabrás que los científicos dividen la fauna en grupos, cada uno con características específicas que lo diferencian del resto. Así, los insectos tienen alas y seis patas, mientras que los mamíferos son los únicos que producen leche y tienen pelo. El libro se divide de la misma manera. En cada grupo encontrarás muchas especies distintas, o clases concretas de seres vivos. El tigre, el águila real y la margarita son algunos ejemplos de especies. Y también lo es el ser humano.

La vida en la Tierra es increíblemente variada y cada año se descubren nuevas especies. Hasta hoy se han identificado unas 100 000 especies de hongos, unas 300 000 de plantas y alrededor de dos millones de especies de animales. Pero sigue habiendo especies que esperan a ser descubiertas, sobre todo en lugares remotos, como los bosques de montaña y el lecho marino. La cantidad total de especies podría alcanzar los 20 millones y los insectos son los primeros de la lista, ya que son los más abundantes y diversos.

Algunas especies sobreviven sin problemas en el mundo actual, pero por desgracia otras muchas no. Sufren a causa de la caza, la contaminación y la deforestación, o de los cambios que se producen en sus hábitats por la acción del ser humano. Algunos animales ya se han extinguido y muchos

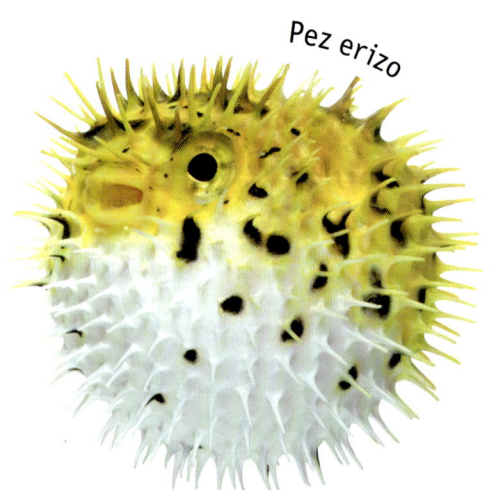

Pez erizo

Sapo gigante

Pulpo de anillos azules

Niña celeste

otros están en peligro. Por eso es más importante que nunca protegerlos. Cuidando de los animales y protegiendo sus hábitats, los científicos y los voluntarios ya han logrado salvar a muchas especies que estaban al borde de la extinción. Entre ellas, algunas tan populares como el oso panda y la ballena jorobada, y también otras muchas menos conocidas, desde el halcón peregrino o el caimán del Mississippi hasta el tití león dorado. Con este libro aprenderás sobre todos ellos. Si quieres ayudar, puedes unirte a alguna organización para la conservación de la naturaleza, como el Fondo Mundial para la Naturaleza (WWF). Colaborarás así a que la vida en la Tierra siga siendo hermosa y diversa.

David Burnie

En los recuadros del libro se compara el tamaño de las distintas criaturas con el tuyo.

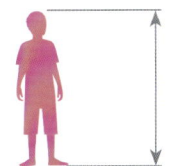

Niño = 145 cm

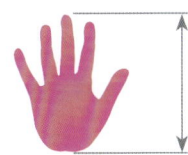

Mano = 16 cm

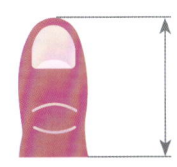

Pulgar = 3,5 cm

Camaleón de Parson

Ibis escarlata

Oso pardo

El árbol de la vida

Nuestro planeta está habitado por una enorme variedad de seres vivos. Analizando su ADN, los biólogos estudian cómo los distintos organismos están relacionados. Eso les permite clasificar los seres vivos en reinos: animales, plantas, hongos y distintos tipos de microorganismos. Cada reino se divide en grupos más pequeños, que reúnen a criaturas parecidas. Los seres vivos que pueden reproducirse entre sí con descendientes fértiles pertenecen a una misma especie. En este libro encontrarás muchos nombres de especies.

Invertebrados

Estos animales no tienen columna vertebral.

Plantas

Las hojas verdes captan la energía del sol que mantiene vivas las plantas.

Hongos

Filamentos que se convierten en setas para diseminar esporas.

Animales

Es el grupo más grande. Incluye desde cerdos hasta cebras.

Vida

Todas las criaturas vivas absorben energía, en forma de alimento o de otras fuentes, como la luz solar. La usan para desarrollarse, transformarse, reproducirse y adaptarse al entorno.

Vida microscópica

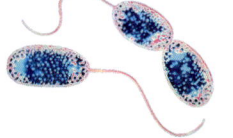

Estas diminutas criaturas a menudo están formadas por una sola célula.

Insectos

Son el grupo de invertebrados de mayor éxito evolutivo.

Aves

Son los únicos vertebrados que tienen plumas.

Mamíferos

Estos vertebrados de sangre caliente tienen pelo y amamantan a sus crías.

Reptiles

Estos vertebrados de sangre fría tienen la piel recubierta de escamas.

Vertebrados

Los animales con columna vertebral se llaman vertebrados.

Anfibios

Estos vertebrados viven tanto en el agua como en tierra firme.

Peces

Estos vertebrados submarinos respiran por branquias.

Vida microscópica

Los microorganismos fueron los primeros seres vivos. Son demasiado pequeños para verlos a simple vista: algunos miden menos de un micrómetro, la centésima parte del grosor de un pelo. Aun así, son las criaturas más abundantes de la Tierra y tienen un papel fundamental para el sustento del resto de los seres vivos.

Citoplasma ❯ Dentro de la célula hay un líquido llamado citoplasma, en el que flotan unos órganos en miniatura, o orgánulos. Allí se producen todos los procesos químicos que mantienen vivo el organismo.

Núcleo ❯ Contiene el ADN de la célula, su código genético. Los microorganismos se reproducen dividiéndose por la mitad para crear dos clones, ambos con el mismo ADN.

Giardia lamblia

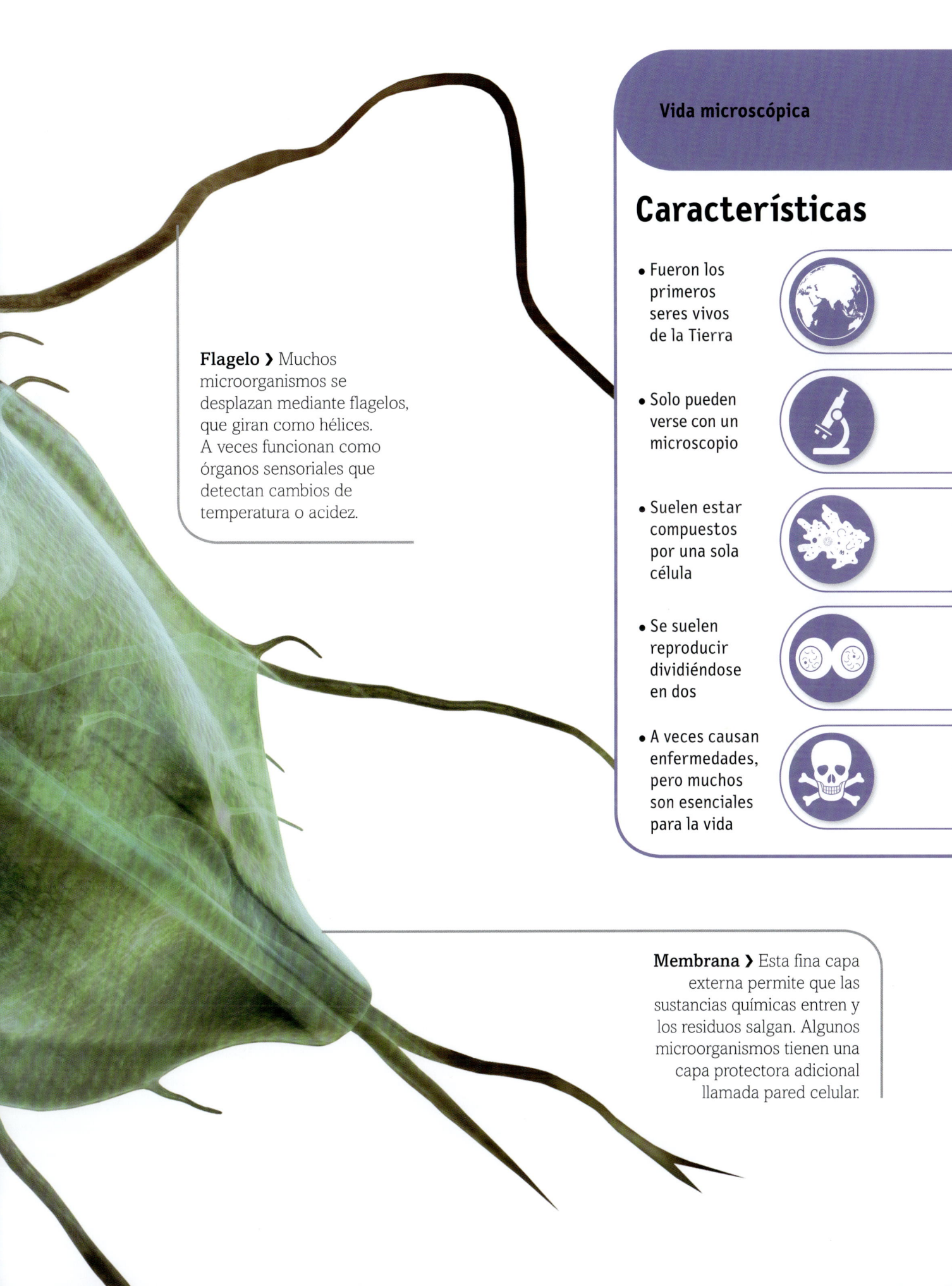

Características

- Fueron los primeros seres vivos de la Tierra

- Solo pueden verse con un microscopio

- Suelen estar compuestos por una sola célula

- Se suelen reproducir dividiéndose en dos

- A veces causan enfermedades, pero muchos son esenciales para la vida

Flagelo ❯ Muchos microorganismos se desplazan mediante flagelos, que giran como hélices. A veces funcionan como órganos sensoriales que detectan cambios de temperatura o acidez.

Membrana ❯ Esta fina capa externa permite que las sustancias químicas entren y los residuos salgan. Algunos microorganismos tienen una capa protectora adicional llamada pared celular.

Bacterias

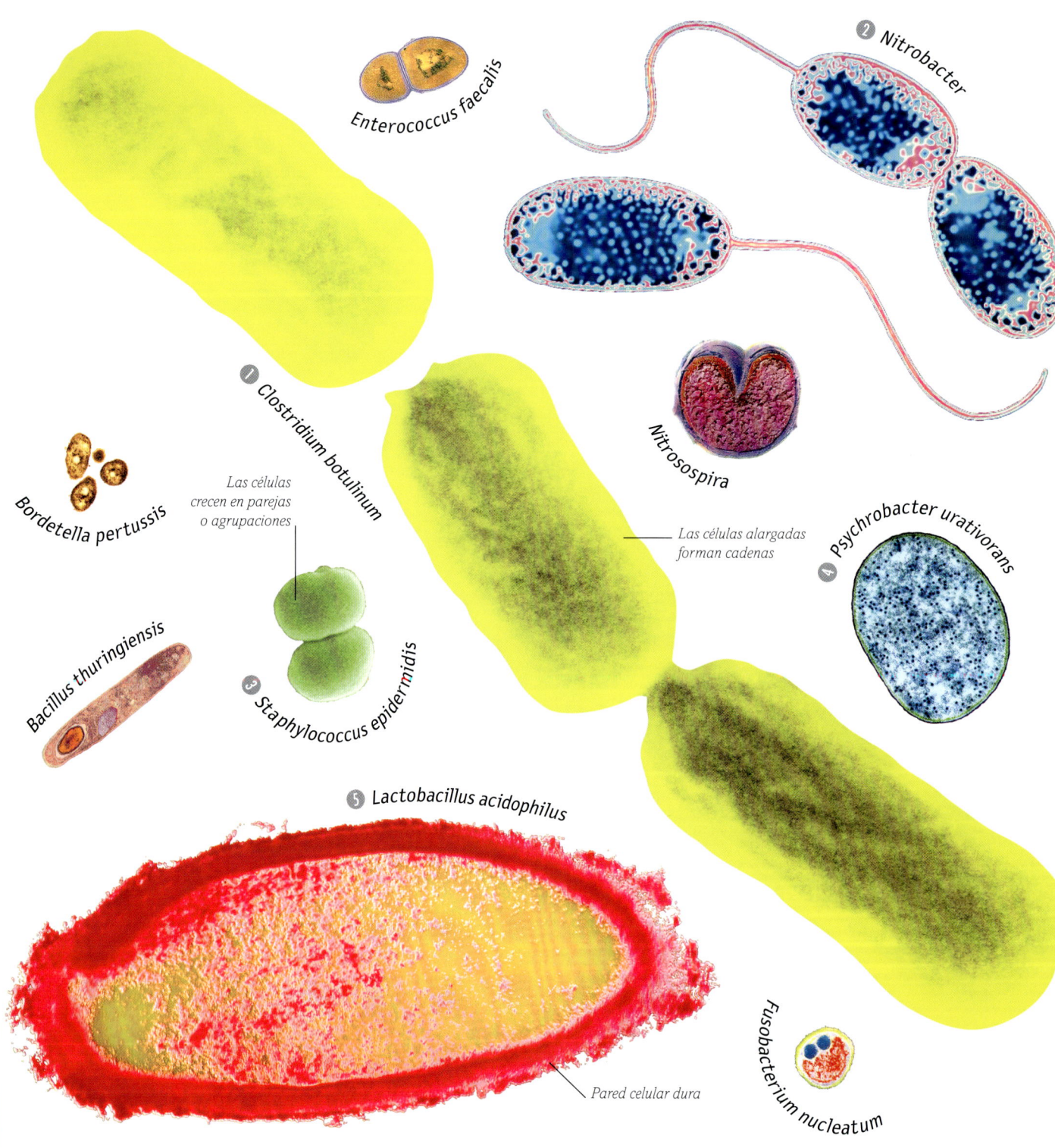

Enterococcus faecalis

② Nitrobacter

Clostridium botulinum ①

Las células crecen en parejas o agrupaciones

Bordetella pertussis

Bacillus thuringiensis

Staphylococcus epidermidis ③

Nitrosospira

Las células alargadas forman cadenas

Psychrobacter urativorans ④

⑤ Lactobacillus acidophilus

Pared celular dura

Fusobacterium nucleatum

Las bacterias son los seres vivos más simples y pequeños. En la Tierra hay unos 5 quintillones de bacterias, compuestas por una sola célula. Viven casi en cualquier parte, desde en fuentes termales y sedimentos pelágicos del lecho marino hasta en el intestino de los animales y las raíces de las plantas. Muchas son esenciales para otros seres vivos, pero algunas causan enfermedades. La **Clostridium botulinum** ①

suele vivir en el suelo, pero produce una toxina que puede matar a los animales. Como todas las bacterias, se reproduce a un ritmo espectacular dividiéndose en dos una y otra vez. La **Nitrobacter** ② fertiliza el suelo y el agua, y ayuda a crecer a las plantas y los animales. Se desplaza haciendo girar un flagelo, y puede recorrer 50 veces su longitud en un segundo. La **Staphylococcus epidermidis** ③ vive en la piel humana.

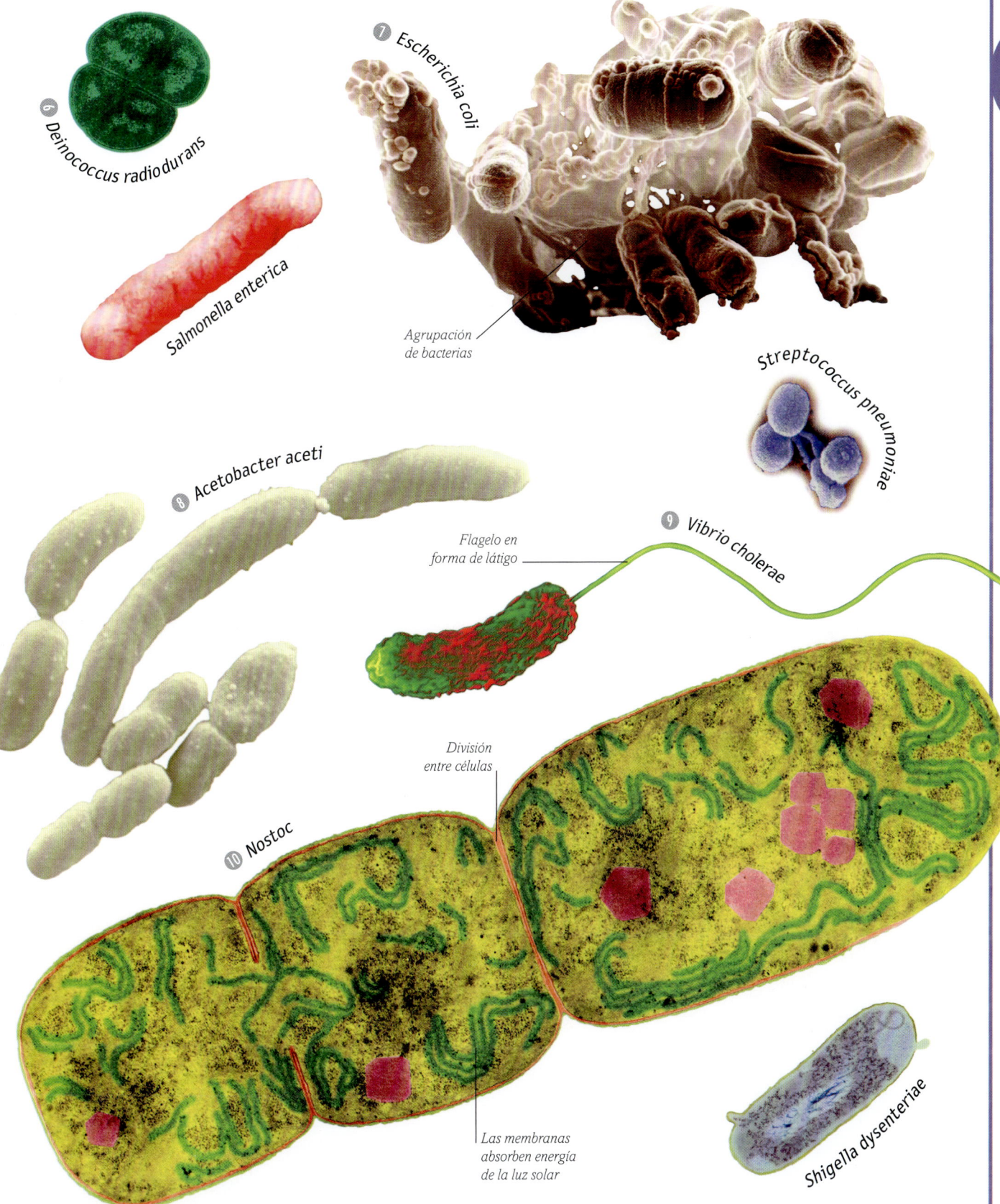

⑥ Deinococcus radiodurans

⑦ Escherichia coli

Salmonella enterica

Agrupación
de bacterias

Streptococcus pneumoniae

⑧ Acetobacter aceti

Flagelo en
forma de látigo

⑨ Vibrio cholerae

División
entre células

⑩ Nostoc

Las membranas
absorben energía
de la luz solar

Shigella dysenteriae

Normalmente es inofensiva, pero puede provocar infecciones letales si entra en el cuerpo. La ***Psychrobacter urativorans*** ④ contiene su propio anticongelante y puede vivir a muy baja temperatura, mientras que la ***Lactobacillus acidophilus*** ⑤ crece bien en la leche caliente y se usa para hacer yogur. La ***Deinococcus radiodurans*** ⑥ es una de las más resistentes. Puede sobrevivir al frío intenso, los ácidos fuertes y a más de 1000 veces la radiación necesaria para matar a una persona. La ***Escherichia coli*** ⑦ es una de las más comunes en nuestro intestino. Suele ser inofensiva, pero algunas cepas producen intoxicaciones alimentarias. La ***Acetobacter aceti*** ⑧ se usa para producir vinagre y la ***Vibrio cholerae*** ⑨ causa cólera si contamina el agua o la comida. La ***Nostoc*** ⑩ crece en lugares húmedos. Forma largas cadenas y vive con la energía solar.

Vida unicelular

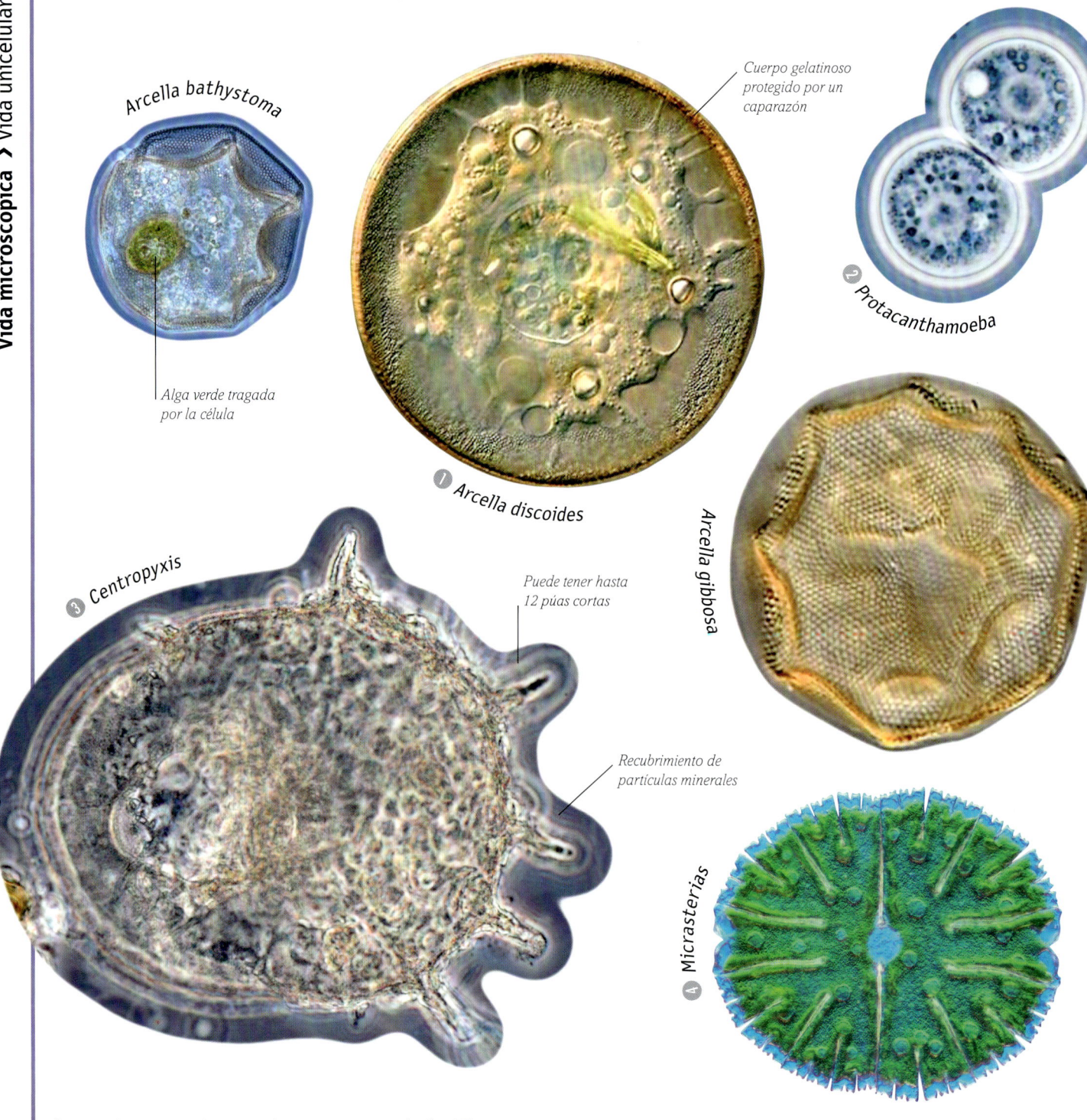

Arcella bathystoma

Alga verde tragada
por la célula

Cuerpo gelatinoso
protegido por un
caparazón

Protacanthamoeba

❶ Arcella discoides

Arcella gibbosa

❸ Centropyxis

Puede tener hasta
12 púas cortas

Recubrimiento de
partículas minerales

❹ Micrasterias

Las criaturas vivas más pequeñas de la Tierra están compuestas por una sola célula. Las bacterias son las más numerosas, pero otro grupo, el de los protistas, reúne una enorme variedad de formas de vida. En general son más grandes y complejos que las bacterias. Algunos son como animales, mientras que otros parecen plantas diminutas y algunos, ambas cosas. El *Arcella discoides* ❶ es un protista que vive en el agua, en un caparazón redondo marronoso. Tiene el cuerpo gelatinoso y lo asoma por una obertura para atrapar el alimento. El *Protacanthamoeba* ❷ tiene también un caparazón. Como muchos seres unicelulares, se reproduce dividiéndose en dos. El *Centropyxis* ❸ vive en pantanos y lagos. Su caparazón lo forman partículas minerales adheridas, y tiene espinas cortas y rechonchas. El *Micrasterias* ❹ es

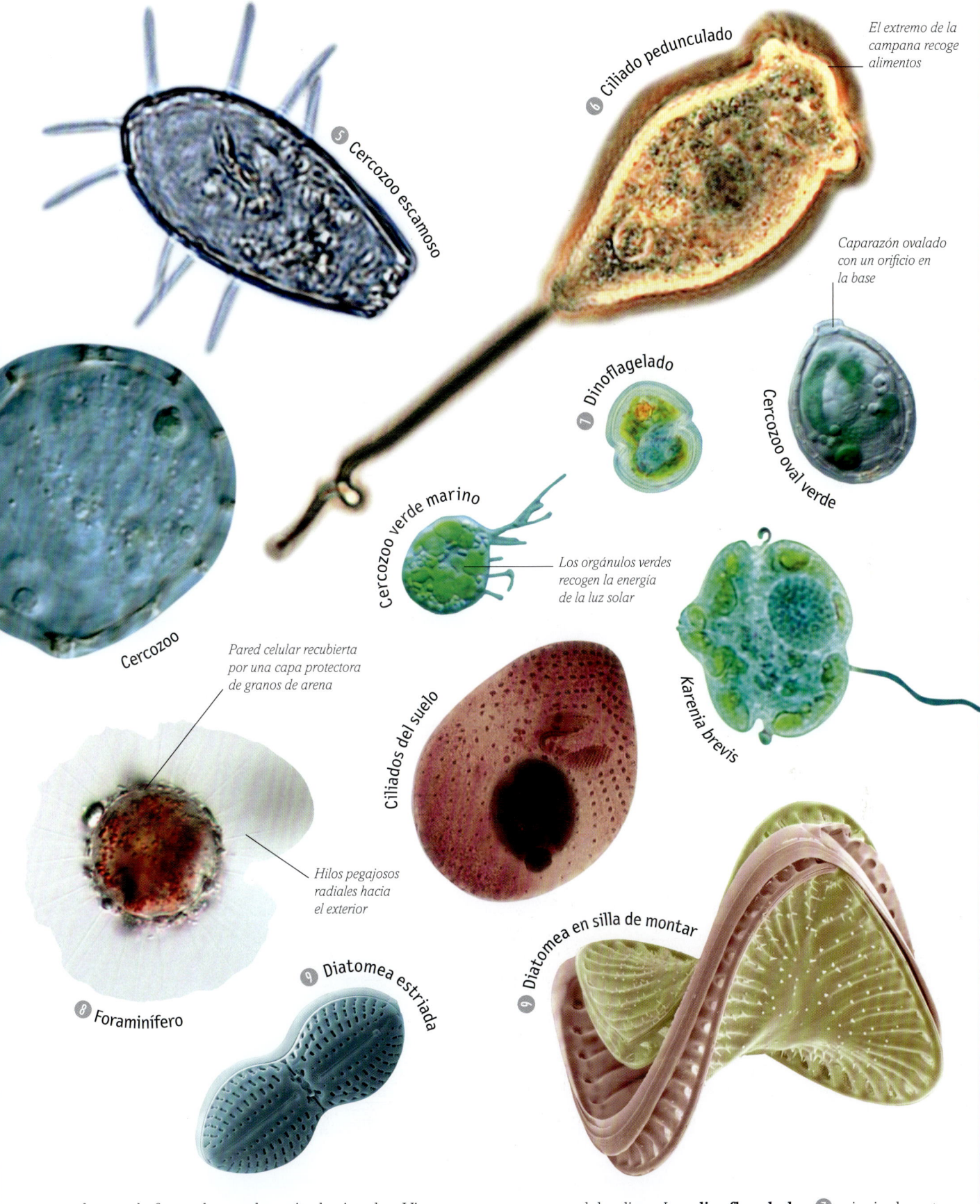

⑤ Cercozoo escamoso

⑥ Ciliado pedunculado

El extremo de la campana recoge alimentos

Caparazón ovalado con un orificio en la base

⑦ Dinoflagelado

Cercozoo oval verde

Cercozoo verde marino

Los orgánulos verdes recogen la energía de la luz solar

Cercozoo

Pared celular recubierta por una capa protectora de granos de arena

Ciliados del suelo

Karenia brevis

Hilos pegajosos radiales hacia el exterior

Diatomea en silla de montar

⑨ Diatomea estriada

⑧ Foraminífero

un alga verde formada por dos mitades iguales. Vive como una planta captando la energía de la luz solar y a veces tiñe de color verde brillante lagos y estanques. El **cercozoo escamoso** ⑤ tiene un caparazón ovalado con placas de sílice, mientras que el **ciliado pedunculado** ⑥ tiene el cuerpo en forma de campana invertida sobre un pedúnculo. Si algo lo toca, el pedúnculo se enrolla como un resorte, alejando su cuerpo del peligro. Los **dinoflagelados** ⑦ principalmente viven en el mar y muchos son venenosos. A veces se multiplican en grandes cantidades y causan mareas rojas que matan a millones de peces. Los **foraminíferos** ⑧ tienen células redondas llenas de hilos pegajosos, mientras que las **diatomeas** ⑨ tienen células de sílice y utilizan la luz solar para crecer. Son la parte más importante del plancton.

17

ZOOPLANCTON
Es un grupo de criaturas frágiles que flotan o se desplazan por el agua. Muchas especies, como las de esta imagen, son tan pequeñas que solo pueden verse con un microscopio. Algunas viven como plancton toda su vida, pero otras son las larvas de criaturas más grandes, como peces y crustáceos. El zooplancton es esencial para la vida en el mar y en el agua dulce, ya que es el alimento de muchos animales.

Tamaño ❯ Desde microscópico hasta de varios metros de largo.
Hábitat ❯ Océanos, mares, lagunas, lagos, ríos y otras masas de agua. **Distribución ❯** Todo el mundo. **Dieta ❯** Algas, zooplancton más pequeño, fitoplancton, bacterias y desechos.
Reproducción ❯ La mayoría producen huevos. Muchas especies viven solo unas semanas. En algunas, como la *Daphnia*, las hembras liberan huevos cada 2-3 días. **Depredadores ❯** Muchos animales que viven en el agua se alimentan de zooplancton, como peces, crustáceos, moluscos y corales. Los más grandes son el alimento de aves marinas, focas, tiburones o ballenas.
Estado de conservación ❯ Vulnerable por el calentamiento del océano o la mayor exposición a la luz ultravioleta del sol.

Algas marinas

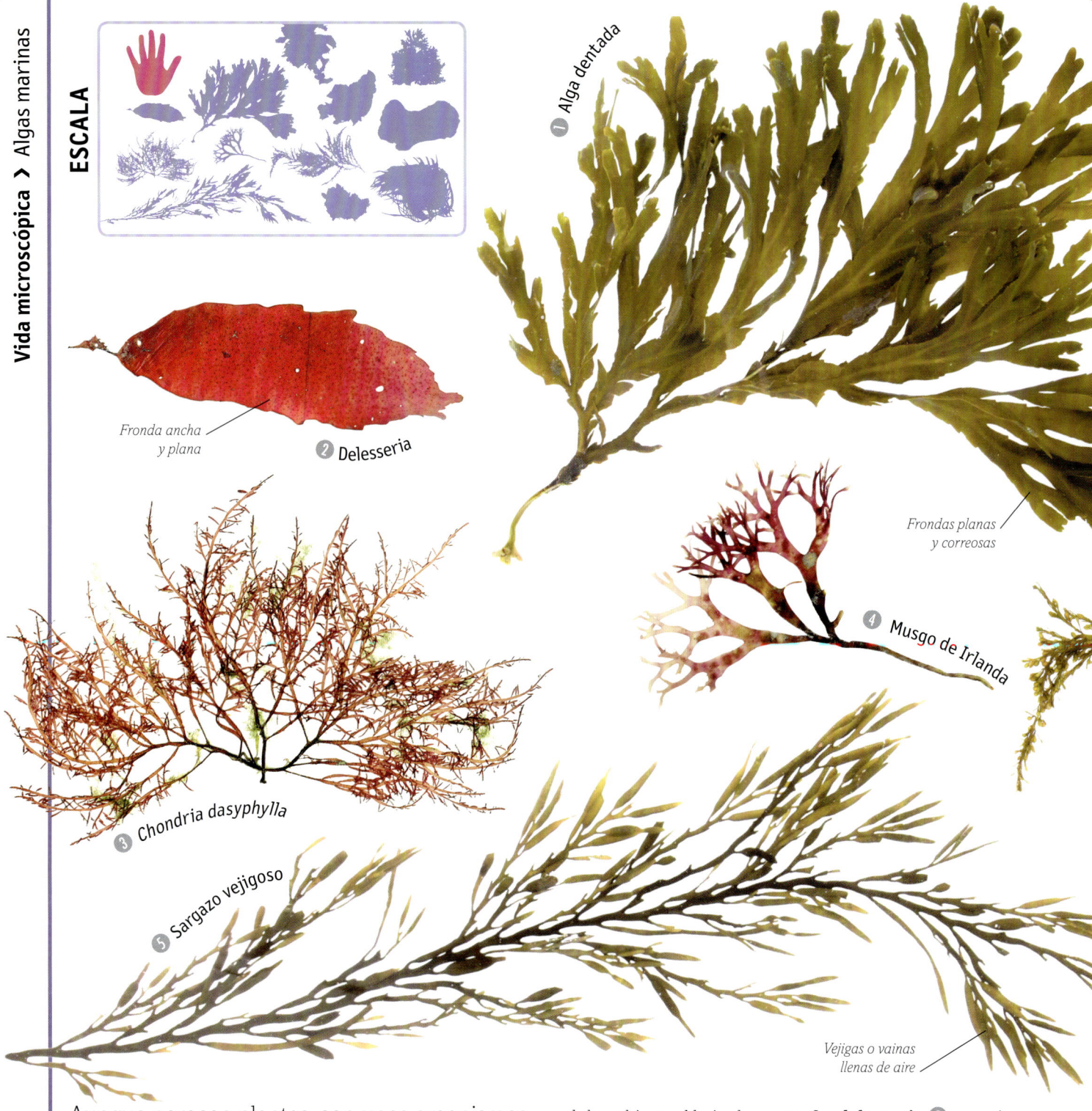

ESCALA

① Alga dentada

Fronda ancha
y plana

② Delesseria

③ Chondria dasyphylla

⑤ Sargazo vejigoso

Frondas planas
y correosas

④ Musgo de Irlanda

Vejigas o vainas
llenas de aire

Aunque parecen plantas, son unos organismos simples llamados algas, con frondas que absorben nutrientes del agua de mar. Algunas son diminutas, pero las más grandes miden como un edificio de cinco pisos. La mayoría se fijan a las rocas y algunas son muy resistentes, y soportan bien el embate de las olas. El **alga dentada** ①, de color aceituna, es originaria del Atlántico norte. Crece en las rocas que quedan al descubierto al bajar la marea. La **delesseria** ②, que vive en zonas templadas, parece una gran hoja roja. La ***Chondria dasyphylla*** ③ vive en las costas de todo el mundo. Como la mayoría de las algas rojas, vive por debajo de la marca de la marea baja y a veces crece en caparazones de animales. El **musgo de Irlanda** ④ es otra alga roja, con frondas planas y ramificadas. Contiene carragenano, una sustancia que se usa

20

6 Lechuga de mar

Frondas finas y traslúcidas

7 Haya marina

Maerl

Rama quebradiza

8 Polysiphonia lanosa

9 Nudo erecto

Frondas ramificadas que parecen hojas

10 Alga corallina

Agardhiella subulata

para espesar el yogur y el helado. El **sargazo vejigoso** **5**, un alga marina grande marrón oscuro, presenta frondas plumosas. Suele crecer en pozas rocosas y tiene vejigas llenas de aire que le permiten flotar. La **lechuga de mar** **6** es un alga verde que crece en barrizales y rocas resguardadas. Sus frondas rugosas a veces se usan como alimento. El **haya marina** **7** tiene frondas rojas muy finas, mientras que la

Polysiphonia lanosa **8** es un alga roja con matas musgosas que crece sobre otras algas marinas. El **nudo erecto** **9** es un alga parda de crecimiento rápido originaria de Japón. Se ha propagado accidentalmente por otras muchas partes del mundo. El **alga corallina** **10** es quebradiza al tacto. Crece en pozas rocosas y está reforzada con minerales, por lo que a los animales marinos les cuesta comerla.

Seta › Algunos hongos producen unas estructuras como las setas en el suelo, que dispersan las esporas, células diminutas que flotan en el aire y forman nuevos hongos.

Hongos

Los hongos son en su mayor parte marañas de filamentos microscópicos llamados hifas. Algunos se transforman en setas para diseminar sus esporas. Los filamentos se extienden por la materia orgánica en la que crecen, descomponiéndola y transformándola en alimento. Así reciclan plantas y animales muertos, convirtiéndolos en nutrientes que otros organismos pueden reutilizar.

Sombrero ❯ Crece proporcionando el máximo espacio para que crezcan las esporas. El color rojo advierte a los animales de que es venenosa.

Características

- En su mayor parte forman grupos de filamentos

- Obtienen energía descomponiendo otros seres vivos

- Dispersan esporas, que se transforman en hongos

- Producen estructuras como setas para dispersar las esporas

Matamoscas

Láminas ❯ En estas frágiles membranas es donde se desarrollan las esporas. Llenan el espacio bajo el sombrero para producir la mayor cantidad posible.

Pie ❯ El pie conecta la seta al resto del hongo, que es una red de finos filamentos enterrados bajo tierra.

Setas

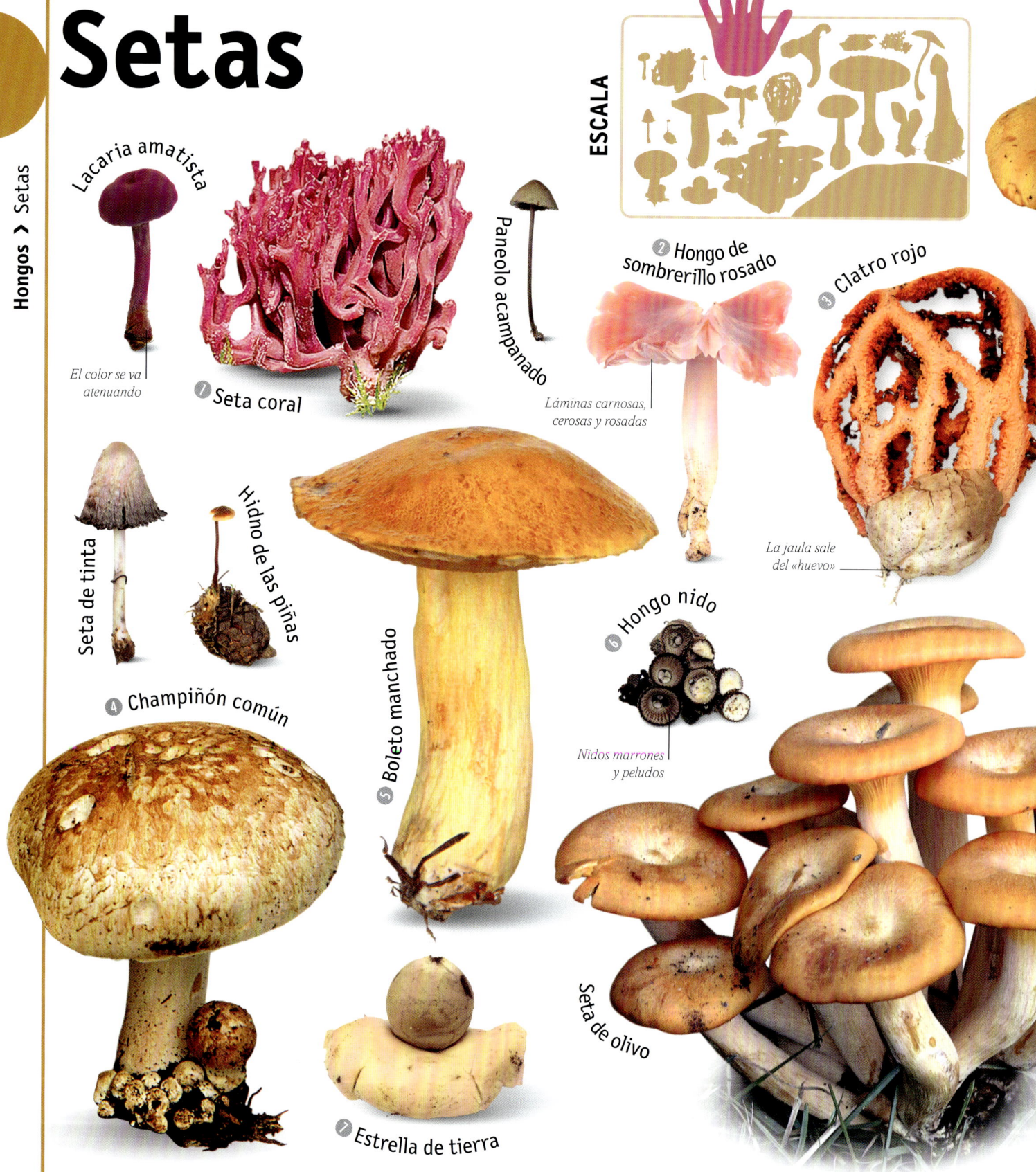

Lacaria amatista

El color se va atenuando

❶ Seta coral

Paneolo acampanado

❷ Hongo de sombrerillo rosado

Láminas carnosas, cerosas y rosadas

❸ Clatro rojo

La jaula sale del «huevo»

Seta de tinta

Hidno de las piñas

❹ Champiñón común

❺ Boleto manchado

❻ Hongo nido

Nidos marrones y peludos

Seta de olivo

❼ Estrella de tierra

La mayoría de las setas crecen en lugares húmedos, desde campos cubiertos de hierba hasta zonas boscosas umbrías. Diseminan diminutas esporas para que los hongos puedan propagarse. Algunas son de vivos colores y destacan mucho. La **seta coral** ❶ tiene ramas parecidas al coral, mientras que el **hongo de sombrerillo rosado** ❷ tiene el sombrero rosa y el pie blanco. El **clatro rojo** ❸

presenta una estructura en forma de malla, que sale de un pequeño «huevo» blanquecino. El **champiñón común** ❹ se cultiva en todo el mundo. La mayoría de las setas, como el **boleto manchado** ❺, producen esporas que el viento arrastra. El **hongo nido** ❻ se propaga de otro modo. Forma paquetes de esporas en estructuras con forma de copa. Cuando una gota de lluvia cae en una de las copas, los paquetes salen

⑧ Rebozuelo

Políporo

Plateado de los frutales

Masa fétida de esporas en el sombrero

Hongo de vaina grande

Escamas verrugosas

Oreja de liebre

Copas altas y anaranjadas

⑪ Falo hediondo

⑩ Matamoscas

Las esporas crecen bajo el sombrero

⑨ Hongo de la muerte

⑫ Pedo de lobo gigante

disparados y pueden aterrizar hasta a 1 m de distancia. La **estrella de tierra** ⑦ disemina sus esporas de modo parecido: las expulsa de un saquito cuando le caen gotas de lluvia. Algunas setas, como el **rebozuelo** ⑧, son comestibles, pero otras son muy venenosas. La más peligrosa es el **hongo de la muerte** ⑨, o *Amanita phalloides*, pues es muy tóxica y se parece a la variedad comestible. Algunos hongos se identifican sin problema por su tamaño, color, forma u olor. El venenoso **matamoscas** ⑩ es fácil de reconocer gracias a su sombrero rojo y blanco característico. El desagradable olor del **falo hediondo** ⑪ puede percibirse a mucha distancia. Su olor atrae a las moscas, que propagan sus esporas. La seta más grande es el **pedo de lobo gigante** ⑫, que puede medir más de 1 m de diámetro y pesar hasta 20 kg.

Ascomicetos y líquenes

Faro de pantano

Lengua de tierra negra

① Cornezuelo

ESCALA

② Mancha coral

③ Leotia

Hongo parecido al polvo que ataca a las setas

Parte interna que produce espuras

Hongo que crece en las semillas de gramíneas

Lepra del níscalo

Anémona taza

Hongo púrpura

④ Blanquilla

⑤ Dedos de hombre muerto

⑥ Bolas de carbón

Hipoxilo

Xilaria de la madera

El hongo forma bolas duras

Los ascomicetos producen las esporas en sacos o bolsas que se abren cuando están maduros. Estos sacos son demasiado pequeños para que podamos verlos. Los hongos que los producen presentan distintas formas. Muchos viven en la madera muerta o las plantas en descomposición, pero el **cornezuelo** ① crece en la hierba y los cereales, como el centeno y el trigo. Produce un potente veneno que puede ser

mortal si va a parar al pan. La **mancha coral** ② ataca la madera húmeda, y la **leotia** ③ crece en grupos entre las hojas caídas. Ambos son inofensivos, pero la **blanquilla** ④ , u oídio, es un quebradero de cabeza para los campesinos y jardineros, pues ataca a todo tipo de plantas. El primer signo preocupante son las manchas blancas en las hojas. Los **dedos de hombre muerto** ⑤ y las **bolas de carbón** ⑥ se nutren

Otidia roja

Falsa colmenilla

Sombrero marrón y rugoso

1 Colmenillas

Colmenilla de campana

El panal produce esporas

8 Trufa negra

9 Peziza anaranjada

11 Liquen capucha

Gruesos lóbulos grises azulados

La copa mira hacia arriba

10 Liquen de las tapias

12 Musgo del roble

Peziza cérea

de madera muerta. A diferencia de la mayoría de los hongos, son duros. Las **colmenillas** ❼ no son nada apetitosas, pero sí muy apreciadas por su delicioso sabor. La **trufa negra** ❽ aún se cotiza más. Crece en el subsuelo bajo los robles y la detectan olfateando perros o cerdos entrenados para ello. La **peziza anaranjada** ❾ crece en el suelo desnudo y es de color naranja, así que es fácil de ver. Los líquenes son el resultado de una simbiosis perfecta entre un hongo y un alga o una bacteria. Crecen muy lentamente, pero pueden vivir cientos de años. El **liquen de las tapias** ❿ es plano y de color intenso, y crece sobre la roca desnuda, especialmente cerca del mar, y el **liquen capucha** ⓫ es común en árboles, rocas y muros. El **musgo del roble** ⓬ vive en la corteza de los robles. Huele a madera y se usa para hacer perfumes.

HONGO TAZA

Estos curiosos cuencos son en realidad una variedad de hongo taza, un grupo de ascomicetos que producen unas formas muy llamativas. Las copas forman sacos repletos de esporas que el viento y la lluvia diseminan. En algunas variedades, estos sacos absorben agua y se hinchan hasta que revientan, lanzando las esporas fuera. Las tazas más grandes hacen ruido al estallar.

Tamaño ❯ Hasta 30 cm **Hábitat ❯** Madera húmeda y muerta de bosques tropicales o subtropicales. **Distribución ❯** Zonas tropicales y subtropicales, desde Estados Unidos, América Central y del Sur o África hasta el sudeste asiático. **Dieta ❯** Madera muerta y en descomposición. Como todos los hongos, se alimentan descomponiendo materia orgánica. Esto es útil para eliminar plantas y animales muertos, pero dañino si el hongo crece en una criatura viva. **Reproducción ❯** El hongo está formado por una red de filamentos que crecen en su mayor parte bajo tierra. La taza se forma para diseminar las esporas, células parecidas a las semillas que producen nuevas colonias de filamentos. **Número de especies ❯** Unas 230.

Plantas

Las plantas pueden captar la energía de la luz del sol y usarla para fabricar su alimento y crecer. Así se alimentan a sí mismas y también alimentan a los animales que las comen. Las plantas absorben dióxido de carbono de la atmósfera y liberan oxígeno, manteniendo el equilibrio de gases que los animales necesitamos para sobrevivir.

Lirio oriental

Tallo ❯ El tallo de la planta puede ser delgado y frágil o grueso y leñoso como el tronco de los árboles. Contiene unos conductos que transportan el agua desde las raíces hasta las hojas, y el alimento desde las hojas hasta las raíces.

Polen ❯ Las flores producen un polvo fino llamado polen, que es diseminado por el viento o por animales como aves e insectos. Cuando el polen llega a otras flores de la misma especie, las fertiliza, haciendo que produzcan semillas.

Flores ❯ Muchas plantas producen flores para reproducirse. Tienen pétalos de colores y agradables fragancias que atraen a los animales, que dispersan el polen de flor en flor. Algunas plantas producen néctar.

Características

- Captan energía del sol y la usan para crecer

- Tienen células con paredes de fibras microscópicas

- Tienen flores para producir y fertilizar las semillas

- Incluyen los seres más longevos

- Proporcionan alimento y oxígeno que sustentan la vida en la Tierra

Hojas ❯ Las hojas deben su color verde a una sustancia llamada clorofila. La usan para absorber la energía del sol mediante la fotosíntesis. Con esta energía combinan el dióxido de carbono del aire con el agua de suelo para producir azúcares, que utilizan como alimento.

Hepáticas y musgos

ESCALA

1 Musgo Scalewort

Estructuras que producen esporas

2 Hierba de cristal

3 Hepática de las fuentes

Tallos divididos

Tamarisco-musgo común

Dos clases de hojas principales

Musgo de featherwort mayor

Látigo mayor

5 Musgo de fuego

4 Musgo escoba

Las hepáticas y los musgos, que se encuentran sobre todo en lugares húmedos, son las plantas más simples. No tienen raíces ni flores, y se propagan por esporas. Muchos de ellos cabrían en una uña y los más grandes no sobrepasan tu cintura. Las hepáticas suelen tener forma de cintas planas y se van dividiendo cada vez en dos. La mayoría son verdes, pero el **musgo Scalewort** *1* suele ser rojo o marrón. Crece en el tronco de los árboles y en las rocas, normalmente a la sombra. La **hierba de cristal** *2* vive en el barro húmedo o en la superficie de los estanques. A veces se usa en acuarios como refugio para los peces recién nacidos. La **hepática de las fuentes** *3* suele verse en jardines. En verano se cubre de brotes que parecen pequeñas palmeras, que producen y luego diseminan las esporas. Los musgos tienen hojas finas y tallos

Musgo hipnum

Musgo orthodontium

6 Musgo de tomillo de cuello de cisne

Cojín de bolsillo

Roseta de pequeñas ramas

7 Musgo azul de espiga

Musgo de pluma de avestruz 9

8 Musgo de pelo

Hojas estrechas y puntiagudas

nervudos, y suelen ser tapizantes. Muchos, como el **musgo escoba** ❹, se vuelven grises o blancos si se secan, pero recuperan el verde si llueve. El **musgo de fuego** ❺ produce las esporas en unas cápsulas. Crece en paredes y en suelos quemados. El **musgo de tomillo de cuello de cisne** ❻ es común en los bosques, mientras que el **musgo azul de espiga** ❼, o musgo de turbera, crece en lugares anegados y

puede retener el agua equivalente a más de 20 veces su peso. El **musgo de pelo** ❽ es uno de los más altos del mundo. Sus tusocs pueden alcanzar los 60 cm de alto. Sus tallos son rígidos y sin ramas, con hojas estrechas y puntiagudas. El **musgo de pluma de avestruz** ❾ debe su nombre a sus tallos, que parecen pequeñas plumas. Vive en los bosques más septentrionales de Europa y Canadá.

Helechos

ESCALA

Helecho espárrago ❶

Debe su nombre a las franjas plateadas

Helecho plateado

Culantrillo de pozo

Cola de caballo ❷

Ramas en círculos

Frondas en forma de lengua

Helecho avestruz ❸

Helecho de habichuela

Lengua cervina ❹

Mucho antes de los dinosaurios, los helechos y sus parientes eran las plantas más grandes de la Tierra. Aún existen algunas variedades que miden más de 15 m de alto, pero la mayoría son bajos. Se propagan mediante esporas y la mayoría tienen frondas plumosas que se despliegan al crecer. El **helecho espárrago** ❶ es una planta primitiva que inicia su existencia bajo tierra, donde los hongos le ayudan a obtener alimento del suelo. La **cola de caballo** ❷ tiene tallos huecos y ramas dispuestas en círculos. Contiene cristales de sílice que antiguamente se usaban para frotar ollas y sartenes. El **helecho avestruz** ❸, que se encuentra en el hemisferio norte, crece cerca de arroyos y ríos, y la **lengua cervina** ❹, en orillas sombreadas y muros. El **helecho cuerno de alce** ❺ vive en bosques del hemisferio sur, en el tronco de los árboles.

Las frondas plumosas absorben el sol

Folíolos dentados verde pálido

⑤ Helechos cuerno de alce

Helecho de cuentas

Frondas en forma de cuernos que producen esporas

Helecho paraguas

Frondas como varillas de paraguas

⑥ Helechos duros

Frondas duras, siempre verdes

⑦ Helecho de hoja ovalada

⑨ Helecho águila

⑧ Helecho florecido

Helecho pie de ardilla

Sus frondas retienen la lluvia y las hojas que caen, creando pilas de compost propias que les ayudan a crecer. Los **helechos duros** ⑥ tienen dos tipos de frondas: unas plumosas que captan el sol y otras mucho más estrechas que diseminan sus esporas. La mayoría de los helechos viven en lugares húmedos, pero el **helecho de hoja ovalada** ⑦ crece en las grietas de las rocas de Sudáfrica y tiene unos tallos negros que soportan

bien la sequía. El **helecho florecido** ⑧ es una planta espectacular con una roseta de frondas. El **helecho águila** ⑨ es una mala hierba. De rápido crecimiento y venenosa para los animales, se propaga por medio de espolones subterráneos y puede cubrir superficies de más de 500 m de diámetro. Se encuentra en todos los continentes excepto la Antártida y las islas muy alejadas de la costa.

35

Coníferas

ESCALA

Cedro del Líbano ❶

Las agujas forman grandes racimos

Abeto gigante

Abeto del Cáucaso

Enebro occidental

Las agujas por pares

Las piñas se ponen rojas y blandas cuando maduran

Tejo común ❷

Araucaria ❺

Pino resinero ❸

Falso alerce dorado ❹

Hojas afiladas y compactas

El grupo de las coníferas incluye los árboles más altos, pesados y viejos del mundo. No tienen flores y producen las semillas en piñas. La mayoría son perennes, de hojas duras y cerosas que resisten bien tanto el sol estival como el gélido viento invernal. El **cedro del Líbano** ❶ procede de Oriente Medio y suele plantarse en parques. Tiene enormes ramas que se extienden como estantes y cortas hojas de aguja. El **tejo común** ❷, que abunda en Europa y Oriente Medio, tiene unas piñas diminutas que parecen bayas rojas. Son venenosas para muchos animales, pero las aves se alimentan de ellas y ayudan a propagar sus semillas. El **pino resinero** ❸ crece en el sur de Europa. Está repleto de resina, que exuda cuando se corta la corteza. El **falso alerce dorado** ❹ procede de China. Se le caen las

Torreya de California

Semillas como nueces

Abeto común ⑥

Plantas ❯ Coníferas

Cedro de Monterrey

Pícea de Colorado

Secuoya gigante ⑦

Las piñas redondas producen semillas

Agujas finas y compactas

Pícea de Sitka ⑧

Pino silvestre ⑨

Pino piñonero

Piñas cilíndricas con escamas dentadas

Las piñas se abren para diseminar las semillas

hojas a finales de otoño y le salen otras nuevas en primavera. La **araucaria** ⑤ de Sudamérica presenta hojas puntiagudas y una copa en forma de paraguas. El **abeto común** ⑥ tiene piñas verticales que, en vez de caer al suelo, se desintegran cuando están maduras. La **secuoya gigante** ⑦ de California es uno de los seres vivos más grandes de la Tierra. Puede pesar más de 2000 toneladas y su corteza ignífuga puede

alcanzar un grosor de hasta 75 cm. La **pícea de Sitka** ⑧ procede de la costa oeste de América del Norte, pero en la actualidad se planta en todo el mundo por su madera. El **pino silvestre** ⑨ es uno de los árboles más resistentes del mundo y la conífera más extendida. Crece por toda Europa y Rusia, incluidos aquellos lugares en los que las temperaturas invernales alcanzan los -60 °C.

37

Plantas con flores

① Retamo espinoso

Flores tubulares a menudo polinizadas por polillas

Jazmín común

② Trébol violeta

Flores protegidas por espinas

Pequeños racimos en largos tallos

③ Lilas

Asfódelo

Las flores forman racimos

Hortensia

④ Lavanda

⑤ Tulipán silvestre

Las flores pueden adoptar todo tipo de formas y tamaños. Muchas plantas producen flores para diseminar el polen y las semillas. Como la mayoría de las plantas con flores, el **retamo espinoso** ① atrae a los insectos, que llevan su polen de planta en planta. Sus semillas crecen en vainas que se abren de repente cuando están maduras. El **trébol violeta** ② se usa para alimentar a los animales de granja y fertilizar el suelo. Se encuentra en las laderas de las colinas del sudeste de Europa. Las **lilas** ③ son muy aromáticas. La **lavanda** ④, un arbusto perenne de las regiones mediterráneas secas, contiene aceites aromáticos. El **tulipán silvestre** ⑤ tiene flores amarillas que salen de bulbos. Muy extendidos en Europa, son parientes cercanos de los tulipanes cultivados, que son flores de jardín. El **capucha de monje** ⑥ es un

Flores en forma de embudo

6 Capucha de monje

Lirio africano

7 Zanahoria silvestre

Trampas con dientes entrelazados

Venus atrapamoscas

Tallo con ocho nervaduras verticales

8 Zacate de la huerta

Narciso de prado

Gladiolo de monte

9 Orquídea abeja

Pensamiento silvestre

Gitanilla menuda

ESCALA

cactus adaptado a las condiciones de sequía extrema. En lugar de hojas tiene espinas, y un tallo suculento en el que almacena el agua. Como la mayoría de los cactus, tiene unas raíces superficiales que absorben agua en los infrecuentes periodos de lluvia. La **zanahoria silvestre** 7 es el ancestro de las zanahorias que comemos. Las hierbas son plantas con flores, pero usan el viento para diseminar el polen y sus

flores suelen ser pequeñas. Incluyen plantas silvestres, como el **zacate de la huerta** 8, y cereales, como el trigo y el arroz, que son los alimentos más importantes del mundo. La **orquídea abeja** 9 es una pequeña planta que pertenece a una familia enorme. Sus flores se parecen a las hembras de ciertos insectos, como los abejorros. Propagan el polen atrayendo a los machos.

ESCALA

Las flores se abren al amanecer

Campanilla

⑩ Rosal de Castilla

Abanico con cuatro o cinco flores

Frutilla

⑪ Ave del paraíso

Botón de oro

Las flores crecen en finos tallos

⑫ Matalobos

Flores en columnas

Anillo de espinas bajo la cabezuela

⑬ Cardo borriquero

⑭ Amapola común

Hierba doncella

Muchas plantas se cultivan por sus llamativas flores. Hay más de 100 clases silvestres de rosas y miles de variedades. El **rosal de Castilla** ⑩ es una de las más antiguas. Lleva plantándose en jardines al menos 750 años. El **ave del paraíso** ⑪ de Sudáfrica también se cultiva por sus flores espectaculares. En la naturaleza son polinizadas por arañeros y suimangas, que transportan el polen en los pies. Las plantas

también reciben la visita de animales hambrientos, así que algunas cuentan con elementos defensivos para sobrevivir. El **matalobos** ⑫ está protegido por potentes venenos, mientras que el **cardo borriquero** ⑬ tiene espinas muy afiladas. La **amapola común** ⑭ es una mala hierba corriente en los prados. Sus semillas pueden sobrevivir muchos años en el suelo y crecer en cuanto se ara. El **diente de león** ⑮

⑮ Diente de león

⑯ Margarita

Dedalera ⑰

Las flores de arriba son las últimas que se abren

Azucena acuática

Ajo de cabeza redonda

⑱ Loto sagrado

Campanilla real

⑳ Nenúfar blanco americano

⑲ Jacinto de agua

Flotadores llenos de gas

Hojas flotantes

es incluso más abundante. Sus semillas vuelan en unos paracaídas plumosos y arraigan en las cunetas, los prados y los campos. La **margarita** ⑯ florece la mayor parte del año. Como en el caso del diente de león, sus flores están formadas por muchas flores minúsculas, o florecillas, en una sola cabezuela. Las **dedaleras** ⑰ tienen flores tubulares, que son ideales para que las visiten los abejorros. Las plantas con

flores también abundan en agua dulce. El **loto sagrado** ⑱ crece en lagos tropicales y produce grandes flores que sobresalen por encima del agua, mientras que el **jacinto de agua** ⑲ flota gracias a sus tallos llenos de aire. El **nenúfar blanco americano** ⑳ tiene flores que flotan y se cierran al atardecer. Encierran a los insectos polinizadores durante toda ula noche y los liberan a la mañana siguiente.

41

VENUS ATRAPAMOSCAS

Una planta carnívora que atrapa a sus presas en las «mandíbulas» es una pesadilla, pero solo para moscas y arañas. Sus hojas articuladas se abren como una enorme boca y atraen a las presas con su color rojo intenso. Cuando un insecto o araña se posa en los pelos «gatillo» de su superficie, la hoja se cierra atrapando a la presa. Luego segrega jugos para digerirla.

Tamaño › Hasta 30 cm **Hábitat ›** Humedales y ciénagas con suelo de turba o arena. **Distribución ›** Costas de Carolina del Norte y del Sur en el sudeste de Estados Unidos. **Dieta ›** Como otras plantas, obtiene la energía del sol. Se volvió carnívora porque suele crecer en suelos pobres y necesita los nutrientes que obtiene de los insectos. **Reproducción ›** Produce racimos de flores blancas de mayo a junio. Sus semillas pueden dispersarse en el agua o ser recogidas por aves. **Longevidad ›** Hasta 30 años si se cultiva. **Depredadores ›** Babosas, aves, roedores e insectos como los áfidos y las arañuelas, que sorben sus jugos. **Estado de conservación ›** En peligro de extinción por la pérdida de hábitats y el comercio de plantas exóticas.

Árboles de hoja ancha

❶ Higuera

Cada higo contiene centenares de flores diminutas

❷ Arce azucarero

Morera de papel

Árbol del sándalo

Castaño chino

❺ Mango

❸ Fresno común

❹ Paulonia imperial

❻ Árbol del cacao

Fruto oval estriado

Las semillas tienen alas

A diferencia de las coníferas, los árboles de hoja ancha tienen flores. Hay miles de tipos, desde variedades gigantes de bosque hasta pequeños árboles ornamentales de jardín. En las regiones cálidas, la mayoría son perennes. En las zonas de invierno frío, suelen caerles las hojas en otoño y les salen otras nuevas en primavera. La **higuera** ❶ es un pequeño árbol de hoja ancha con flores diminutas ocultas en unos capullos especiales. Cuando las semillas empiezan a desarrollarse, el capullo madura y se transforma en un higo. El **arce azucarero** ❷ de Norteamérica es famoso por sus espectaculares colores otoñales. En primavera se recoge su dulce savia para hacer sirope. El **fresno común** ❸ es un árbol de rápido crecimiento con semillas con alas, mientras que la **paulonia imperial** ❹ tiene flores malvas que salen

⑦ Cananga

⑧ Nogal común

Álamo común

Las hojas tienen el dorso blanco

Magnolia

⑨ Peral común

Ciruelillo

⑩ Acebo

Bayas en ejemplares femeninos

Tupelo

⑪ Limonero

Madroño

Flores tubulares de color llama

ESCALA

antes que las hojas. El **mango** ⑤, del sur de Asia, como otros muchos árboles, oculta las semillas en frutos carnosos. Los animales los comen y diseminan las semillas. El **árbol del cacao** ⑥ es originario de América Central y del Sur. El cacao se obtiene de sus semillas, que crecen en vainas carnosas. El **cananga** ⑦ del sudeste asiático tiene unas flores aromáticas que se usan para hacer perfumes. El **nogal común** ⑧ es muy apreciado por su madera y sus nueces, mientras que el **peral común** ⑨ de Europa es el ancestro de los que se cultivan por la fruta. El **acebo** ⑩ es un pequeño árbol perenne de hojas espinosas. Es o hembra o macho. En invierno las hembras producen bayas rojas, que se comen las aves. El **limonero** ⑪ procede de Asia. Su fruto contiene ácido cítrico, una sustancia que le confiere un sabor intenso.

12 Falso ébano

Flores en racimos colgantes

13 Quimo

Flores en candelillas

Aliso rojo

14 Abedul común

15 Árbol de la seda

Hojas divididas en foliolos

Las flores tienen estambres delgados

Los árboles de hoja ancha producen muchas sustancias útiles y también algunas que pueden ser dañinas. El **falso ébano** 12 contiene un veneno mortal, mientras que el **quimo** 13, que crece en América del Sur, produce un medicamento que se usa para tratar la malaria. Se trata de la quinina, que se extrae de su corteza. El **abedul común** 14 es un árbol resistente que vive en climas muy fríos del norte de Europa y Asia. Sus flores crecen en amentos, que esparcen las semillas al viento. El **árbol de la seda** 15 tiene grandes hojas plumosas y flores en ramilletes. Sus hojas se cierran al anochecer y se abren al amanecer. El **castaño** 16 es un árbol de crecimiento lento con frutos comestibles que se desarrollan en una cáscara y suelen comerse asados. El **árbol de Judas** 17 tiene hojas redondeadas en forma de corazón

Avellano turco

Flores en
candelillas

⑯ Castaño

⑰ Árbol de Judas

Haya americana

⑱ Roble común

Las bellotas
crecen en cúpulas

⑲ Granado

⑳ Aguacate

Árbol de Júpiter

Laurel de la Bahía

ESCALA

y hermosas flores rosadas que aparecen en primavera. Forman racimos que suelen brotar directamente del tronco. El **roble común** ⑱ es un árbol muy longevo de madera muy resistente, que antiguamente se usaba para construir barcos. Tiene flores pequeñas en estructuras colgantes y sus semillas son las bellotas, que crecen en una cúpula escamosa. El **granado** ⑲ es un arbustivo espinoso de grandes flores rojas. Produce sabrosos frutos que contienen cientos de semillas. El **aguacate** ⑳ es originario de México y de las Indias Occidentales, pero actualmente se cultiva en regiones cálidas de todo el mundo. Tiene pequeñas flores color crema y frutos en forma de pera con un solo hueso grande. En la naturaleza, los aguacates caen del árbol cuando todavía están verdes y maduran en el suelo.

Invertebrados

Los invertebrados, el grupo de animales más grande, incluye desde esponjas y medusas hasta moluscos, cangrejos, arañas e insectos. La mayoría nacen de huevos. Algunos inician su existencia como larvas, unas criaturas diminutas muy distintas a sus progenitores. Otros nacen como versiones en miniatura de los adultos y van creciendo a medida que maduran.

Patas ❯ Las arañas pertenecen a un grupo de invertebrados llamados artrópodos, que tienen patas articuladas equipadas con músculos que les permiten moverse. Además de arañas, los artrópodos incluyen ciempiés, milpiés, insectos y crustáceos.

Órganos sensoriales ❯ La tarántula tiene unos órganos sensoriales complejos, como estos palpos, que perciben el entorno. Otros invertebrados, como los gusanos y las esponjas, son mucho más simples e incluso pueden no tener cerebro.

Exoesqueleto ❯ Muchos invertebrados disponen de una cubierta externa llamada exoesqueleto, que sustenta sus órganos internos, les ayuda a moverse y les protege. Es rígido, por lo que la criatura tiene que mudar de piel a medida que crece.

Tarántula de anillos rojos

Características

- No tienen columna vertebral ni esqueleto óseo

- Suelen tener una cubierta externa dura (exoesqueleto)

- Suelen eclosionar de huevos

- Suelen nacer como larvas y cambian de aspecto al ser adultos

Pelos espinosos ❯ Los animales pequeños como los invertebrados son bocados apetitosos para predadores más grandes, así que muchos han desarrollado sistemas de defensa. Esta tarántula puede desprenderse de pelos urticantes de sus patas, que se pegan a la piel del atacante y le causan dolor y picor.

Esponjas

ESCALA

Esponja arbórea roja ①

Leuconia nivea

Niphates alba

② Esponja limón

④ Esponja vela amarilla

③ Esponja miga de pan

Sycon ciliatum

⑤ Esponja perforadora

El agua es bombeada por unos agujeros con forma de volcán

Clathrina clathrus

Superficie perforada

⑥ Esponja bolsa roja

Las esponjas, que viven sobre todo en el mar, son unos de los animales más simples. Sin cabeza, cola, ojos, ni boca, no se mueven y bombean agua por los poros de su cuerpo, filtrando partículas de alimento. No tienen huesos, pero su cuerpo suele estar reforzado por minerales y fibras que les confieren un tacto crujiente o esponjoso. Algunas esponjas, como la **esponja arbórea roja** ①, crecen hacia arriba como plantas submarinas. Otras, como la **esponja limón** ②, son casi esféricas, mientras que algunas, como la **esponja miga de pan** ③, crecen como una costra sobre las rocas. La **esponja vela amarilla** ④ forma columnas verticales, llenas de poros. La **esponja perforadora** ⑤ europea usa ácido para hacer túneles en conchas y rocas. La **esponja bolsa roja** ⑥, que crece en los arrecifes poco profundos de Malasia e

Superficie
estriada

① Esponja jarrón azul

⑧ Esponja jarrón rosa

Esponja cuerno
de alce

Pedúnculo
largo y fino

Esponja de piel de elefante

Naranja de mar

⑪ Esponja vítrea de aguas profundas

⑨ Esponja común

Esponja bola de golf

⑩ Cesta de flores de Venus

Indonesia, parece un pequeño globo. El agua entra por sus flancos y sale por la estrecha abertura superior. Las esponjas jarrón funcionan del mismo modo, pero son mucho más grandes. La **jarrón azul** ⑦ y la **jarrón rosa** ⑧, ambas del Caribe, pueden medir hasta 45 cm de altura, pero las esponjas jarrón más altas del mundo son más grandes que una nevera y viven más de 100 años. La **esponja común** ⑨ vive en el lecho marino poco profundo. Su esqueleto superesponjoso hace que sea ideal para lavarse. La mayoría de las esponjas crecen cerca de la superficie del mar, pero la **cesta de flores de Venus** ⑩ vive en las profundidades. Igual que la **esponja vítrea de aguas profundas** ⑪, tiene un complejo esqueleto de sílice que perdura mucho después de que la esponja haya muerto.

51

Medusas, anémonas y corales

ESCALA

Medusa azul

Tallos flexibles que parecen arbustos submarinos

① Campana flotante

②. Avispa de mar

Cuerpo en forma de caja

Sifonóforo faldón de hula

«Coral» de encaje violeta

③ Medusa común

Medusa invertida

Largos tentáculos transparentes

Flotador lleno de gas

Fresa de mar

④ Carabela portuguesa

Gran pluma

Las medusas y sus parientes atrapan y matan a sus presas con sus tentáculos urticantes. Tienen el cuerpo blando, aunque muchos corales se protegen construyendo carcasas o tubos duros. La mayoría, incluida la **campana flotante** ①, tienen un veneno suave, pero la letal **avispa de mar** ② de Australia y el sudeste asiático puede matar a una persona con solo rozarle con los tentáculos. El veneno actúa en pocos segundos y sigue teniendo efecto una vez lejos de los tentáculos. La **medusa común** ③ vive cerca de la costa y es bastante compacta. La **carabela portuguesa** ④ tiene unos tentáculos de hasta 50 m de largo. Su potente veneno la hace casi tan peligrosa como la avispa de mar. El **coral rojo** ⑤ tiene un esqueleto rojo intenso que se usa en joyería. Las anémonas de mar tienen unos tentáculos muy gruesos,

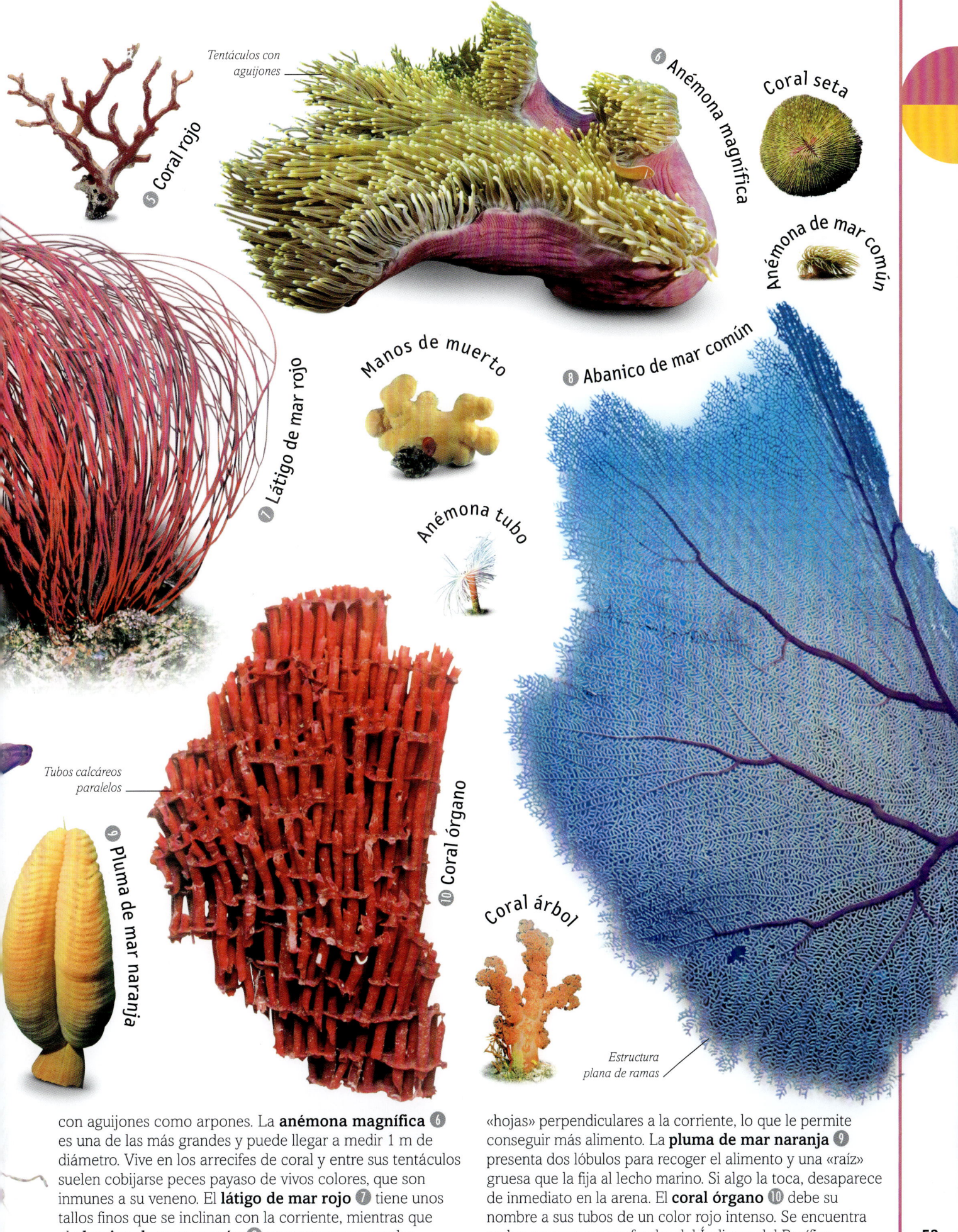

Tentáculos con aguijones

⑤ Coral rojo

⑥ Anémona magnífica

Coral seta

Anémona de mar común

Manos de muerto

⑧ Abanico de mar común

⑦ Látigo de mar rojo

Anémona tubo

Tubos calcáreos paralelos

⑨ Pluma de mar naranja

⑩ Coral órgano

Coral árbol

Estructura plana de ramas

con aguijones como arpones. La **anémona magnífica** ⑥ es una de las más grandes y puede llegar a medir 1 m de diámetro. Vive en los arrecifes de coral y entre sus tentáculos suelen cobijarse peces payaso de vivos colores, que son inmunes a su veneno. El **látigo de mar rojo** ⑦ tiene unos tallos finos que se inclinan con la corriente, mientras que el **abanico de mar común** ⑧ presenta unas grandes «hojas» perpendiculares a la corriente, lo que le permite conseguir más alimento. La **pluma de mar naranja** ⑨ presenta dos lóbulos para recoger el alimento y una «raíz» gruesa que la fija al lecho marino. Si algo la toca, desaparece de inmediato en la arena. El **coral órgano** ⑩ debe su nombre a sus tubos de un color rojo intenso. Se encuentra en las aguas poco profundas del Índico y del Pacífico.

53

ORTIGA DE MAR
Con su blanda campana dorada y sus finos tentáculos parece inofensiva, pero es carnívora. Sus tentáculos están equipados con millones de pinchos que inyectan veneno. El veneno paraliza a la presa, que va a parar a la boca que tiene bajo la campana. Para los humanos no suele ser peligrosa, aunque sí es dolorosa.

Tamaño ❯ Campana hasta 45 cm de diámetro; tentáculos y brazos hasta 4,6 m de largo. **Hábitat ❯** Aguas superficiales del océano Pacífico en otoño e invierno, aguas profundas en primavera y verano. **Distribución ❯** Costa oeste de Canadá, Estados Unidos y México. También alrededor de Japón. **Dieta ❯** Pequeños peces, crustáceos y otras medusas.

Reproducción ❯ Huevos de los que nacen larvas. Estas forman unas estructuras fijas llamadas pólipos, de los que salen nuevas medusas. **Longevidad ❯** Un año en libertad y 18 meses en cautividad. **Depredadores ❯** Tortugas marinas y peces. **Estado de conservación ❯** No está en peligro de extinción. En algunas zonas son muy abundantes.

Gusanos

Segmentos planos que contienen huevos

1 Cestodos

Gusano cabeza de martillo

Lombriz intestinal

Planaria terrestre de Nueva Zelanda

Lombriz plana de papilas amarillas

Cerdas que apuntan hacia atrás

Superficie cubierta de papilas amarillas

Lombriz plana moteada

2 Trematodo intestinal gigante

Ondula el cuerpo para desplazarse

Las ventosas se aferran al cuerpo del anfitrión

3 Duela hepática

5 Gusano árbol de Navidad

4 Gusano plano flor

Gusano plano rayado de caramelo

En los gusanos se incluyen muchas criaturas distintas. La mayoría tienen el cuerpo plano o redondeado, cabeza y cola. Algunos son muy pequeños, pero este grupo incluye también a los animales tan largos que miden más que una piscina olímpica. Suelen vivir en el agua o en lugares húmedos, pero muchos son parásitos de otras criaturas. Los **cestodos** **1** viven en los intestinos de gatos, cerdos y humanos, y pueden llegar a medir muchos metros de largo. Varios gusanos planos, como el **trematodo intestinal gigante** **2** y la **duela hepática** **3**, también infectan a las personas y les pueden causar enfermedades graves e incluso la muerte, pero la mayoría de los gusanos son inofensivos. Sus colores vivos advierten a los depredadores de su mal sabor. El **gusano plano flor** **4** vive en los

ESCALA

⑥ Onicóforo de África del Sur

⑦ Onicóforo del Caribe

Poliqueto de las holoturias

Lombriz roja rayada

Tentáculos que atrapan presas

Gusano plumero

⑧ Gusano de arena

Planaria de arroyo

Cuerpo segmentado

⑨ Ratón de mar

⑩ Lombriz de tierra común

⑪ Gusano de fuego

⑫ Gusano rey

Patas erizadas

Cerdas venenosas para moverse y defenderse

arrecifes de coral y ondula el cuerpo para desplazarse. El **gusano árbol de Navidad** ⑤ permanece a salvo en su madriguera. Atrapa la comida con sus tentáculos en espiral, pero si ve algún depredador desaparece. Los **onicóforos de África del Sur** ⑥ y **del Caribe** ⑦ tienen las patas cortas y rechonchas. Se arrastran por el suelo del bosque y capturan a sus presas con hebras pegajosas. El **gusano de arena** ⑧ vive en playas y marismas. El **ratón de mar** ⑨ tiene el cuerpo erizado para cavar en la arena. La **lombriz de tierra común** ⑩, el gusano más conocido, ayuda a que el suelo sea fértil escarbando y comiéndose las hojas muertas y otros residuos. **El gusano de fuego** ⑪ posee unas cerdas venenosas con las que se arrastra por rocas y arrecifes de coral. El **gusano rey** ⑫ come algas y carroña con sus dos dientes en forma de pinza.

Moluscos

Guijarros en el caparazón espiral

① Caracol portador Starbust

② Cauri tigre

Cuando está activo su caparazón se cubre de piel

Gorro frigio

Caracol de perro

③ Escalárido precioso

Drupa moteada espinosa

⑤ Trompeta de Tritón

④ Caracol rosado

Espiral muy enroscada

Buccino común

Caracol de collar

Tulipán rayado

Tienda de olivo

Abertura en forma de hendidura

Los moluscos incluyen animales muy variados, desde el veloz calamar hasta almejas, babosas y caracoles. La mayoría viven en el agua y tienen caparazón. Las almejas y sus parientes los tienen articulados. Si se ven amenazadas, lo cierran para protegerse en su interior. Los caracoles y sus parientes tienen caparazones en espiral. Ni el caparazón de las almejas ni el de los caracoles dejan de crecer, así que no tienen que cambiar de casa. El **caracol portador Starbust** ①, un caracol de mar, fija piedrecitas a su caparazón para camuflarse. El **cauri tigre** ② tiene un caparazón en forma de huevo con un diseño brillante. El **escalárido precioso** ③ tiene un caparazón acanalado y se alimenta de anémonas y corales. El **caracol rosado** ④ y la **trompeta de Tritón** ⑤, propias de los océanos tropicales, son dos de los caracoles

Caracol manzana **6**

7 Mejillón común

Arca de Noé

8 Pie de pelícano

Almendra de mar

Tentáculos largos

9 Ostra común

Caracol de torre

Caracol de gusano de las Indias

Caracola espiral

Lengua común

10 Vieira gigante

Terebras

Caparazón con espinas

de mar más grandes. El primero se alimenta de algas y pastos marinos y el segundo es un depredador que ataca a las estrellas de mar y a otras presas que se mueven con mayor lentitud. Sale a cazar por la noche y paraliza a sus víctimas con su saliva venenosa. El **caracol manzana** **6** está dotado de agallas y vive en agua dulce. El **mejillón común** **7** vive justo bajo la línea de flotación en orillas rocosas y utiliza

las agallas para filtrar las partículas de alimento. El **pie de pelícano** **8** se arrastra por el barro y la arena del lecho marino. Su caparazón tiene unas extensiones parecidas a los pies palmeados. La **ostra común** **9** y la **vieira gigante** **10** suelen criarse como alimento. Los mejillones y las ostras se pegan a las rocas con hebras pegajosas, mientras que las vieiras viven en el lecho marino.

59

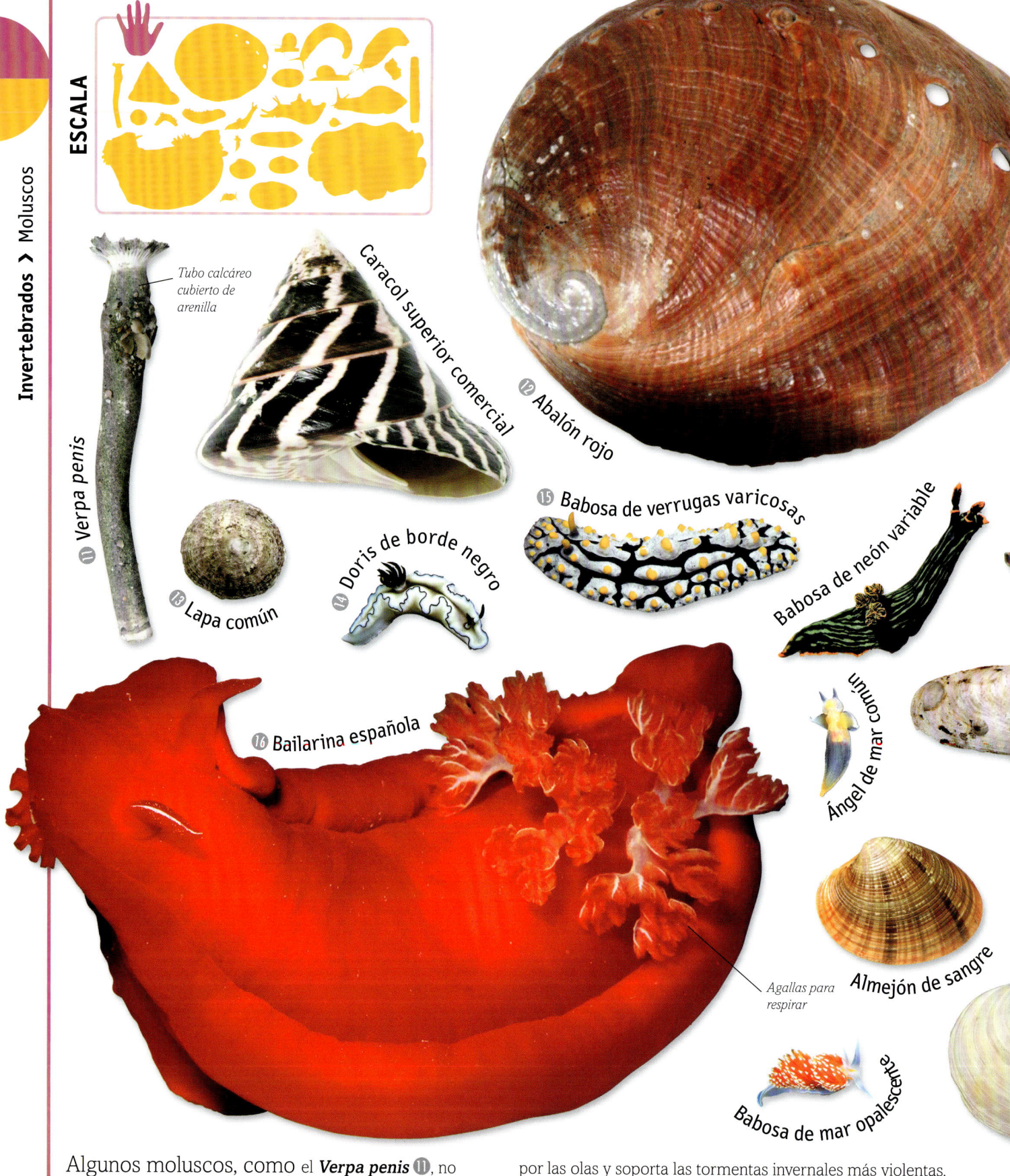

ESCALA

Tubo calcáreo cubierto de arenilla

Caracol superior comercial

⑫ Abalón rojo

⑪ Verpa penis

⑮ Babosa de verrugas varicosas

Babosa de neón variable

Doris de borde negro

⑬ Lapa común

⑭

Ángel de mar común

⑯ Bailarina española

Agallas para respirar

Almejón de sangre

Babosa de mar opalescente

Algunos moluscos, como el **Verpa penis** ⑪, no precisan moverse, porque filtran el alimento del agua. Pero otros muchos, como el **abalón rojo** ⑫, se deslizan con una ventosa musculosa a modo de pie. El abalón rojo se alimenta de algas, y si se ve amenazado, se sujeta con fuerza a la roca y no hay quien lo mueva. La **lapa común** ⑬ es mucho más pequeña, pero igual de fuerte. Se sujeta a las rocas batidas

por las olas y soporta las tormentas invernales más violentas. Las babosas de mar, o nudibranquios, tienen un pie pero no tienen caparazón. Son famosos por sus vívidos colores. Muchas, como la **doris de borde negro** ⑭, cuentan con un penacho de agallas en la espalda y un par de tentáculos que parecen cuernos en miniatura. Esta doris se alimenta de esponjas, al igual que la **babosa de verrugas varicosas** ⑮

Gran cuerno de carnero

Babosa banana del Pacífico ⑰

⑱ Babosa común

Esta especie tiene la piel negra o naranja

Coquina de África occidental

Caracol común de jardín

Turbante de la corona

⑲ Caracol gigante africano

Navaja de espada

Conejo de mar común

Peine de Venus

Almeja brava

Anillos de crecimiento

⑳ Náyade cisne

Almeja de Nueva Inglaterra

㉑ Almeja gigante estriada

y la **bailarina española** ⑯, una babosa gigante que se desplaza ondulando el cuerpo. También hay moluscos en tierra firme, sobre todo en zonas húmedas. La **babosa banana del Pacífico** ⑰ y la **babosa común** ⑱ viven en climas fríos, pero el **caracol gigante africano** ⑲ es una especie tropical que se ha convertido en una plaga grave en las regiones templadas, por su voraz apetito y su velocidad

reproductora. Pero volvamos al agua. Las almejas son moluscos con caparazones articulados. Algunas, como la **náyade cisne** ⑳, crecen en ríos y arroyos, pero la mayoría, incluida la **almeja gigante estriada** ㉑, viven en el mar. Como la almeja gigante, contiene algas microscópicas que viven en su carne. Estas algas producen nutrientes, que le sirven de alimento.

ALMEJA GIGANTE

Es el animal con caparazón más pesado del mundo y posiblemente la especie de molusco bivalvo más grande que ha existido. Tiene un enorme caparazón compuesto de dos partes. Los bordes del cuerpo interior, o manto, suelen ser de color dorado o azul verdoso irisado, y puede verse cuando se abre para comer. No es cierto que se pueda tragar a una persona. Solo se cierra, lentamente, si es atacada.

Tamaño ❯ Caparazón de hasta 1,5 m de largo. **Peso ❯** Hasta 200 kg **Hábitat ❯** Se fija en la arena o los restos coralinos de arrecifes o lagunas. **Distribución ❯** Zonas tropicales del océano Índico, el Pacífico occidental y el mar de China. **Dieta ❯** Filtra el plancton del mar con sus branquias. También obtiene nutrientes de las algas llamadas zooxantelas que viven en los tejidos de su manto. **Reproducción ❯** Expulsa el esperma y los óvulos al océano. Los óvulos se transforman en larvas llamadas velígeras. **Depredadores ❯** Estrellas de mar, caracoles, algunos peces y también los humanos. **Estado de conservación ❯** Vulnerable debido a su cultivo como alimento y al comercio para acuarios.

Calamares, pulpos y sepias

ESCALA

Sepia masuda

Pulpo Dumbo

Pupila horizontal tipo hendidura

1 Pulpo gigante

Calamar de arrecife

2 Pulpo de anillos azules

3 Calamar común

Ventosas en forma de copa

A diferencia de otros moluscos, los calamares y sus parientes son cazadores veloces con agudos sentidos y un gran cerebro. Los pulpos tienen ocho brazos cubiertos de ventosas. Los calamares y las sepias también tienen ocho brazos, además de dos largos tentáculos con los que atrapan a las presas. Muchos de estos animales pueden cambiar de color en segundos, lo que les ayuda a camuflarse. El **pulpo gigante** 1 caza en el lecho marino. Como muchos pulpos, puede lanzar un pigmento negro al agua para confundir a los depredadores. Sus patas pueden medir más de 4 m de punta a punta. El **pulpo de anillos azules** 2, mucho más pequeño y más peligroso, tiene un veneno extremadamente tóxico. Puede matar a los humanos, aunque prefiere evitarlos. El **calamar común** 3 tiene un cuerpo aerodinámico con

Tentáculos para atrapar presas

4 Calamar latigazo

Gran pulpo azul

6 Pulpo pigmeo del Atlántico

5 Nautilo perlado

Calamar de arrecife

Sepia común 8

7 Sepia gigante

9 Pulpo mimo

Brazos largos y musculosos

Pulpo común

aletas prominentes y vive en alta mar. Como otros calamares, se desplaza hacia atrás succionando agua y expulsándola en forma de chorro. Los pulpos también usan la propulsión a chorro para escapar. El **calamar latigazo** 4 merodea por aguas profundas esperando a su presa con los tentáculos extendidos. El **nautilo perlado** 5 presenta un caparazón en espiral y unos 90 tentáculos con los que atrapa a las presas.

El **pulpo pigmeo del Atlántico** 6, que vive sobre todo en aguas superficiales, se pasa el día en guaridas rocosas y caza de noche. La **sepia gigante** 7 y la **sepia común** 8 van por el lecho marino en busca de cangrejos y otras presas. El **pulpo mimo** 9 es uno de los pocos pulpos que caza de día. Además de cambiar de color, puede imitar a más de una docena de animales y parecer más peligroso de lo que es.

Estrellas, erizos y pepinos de mar

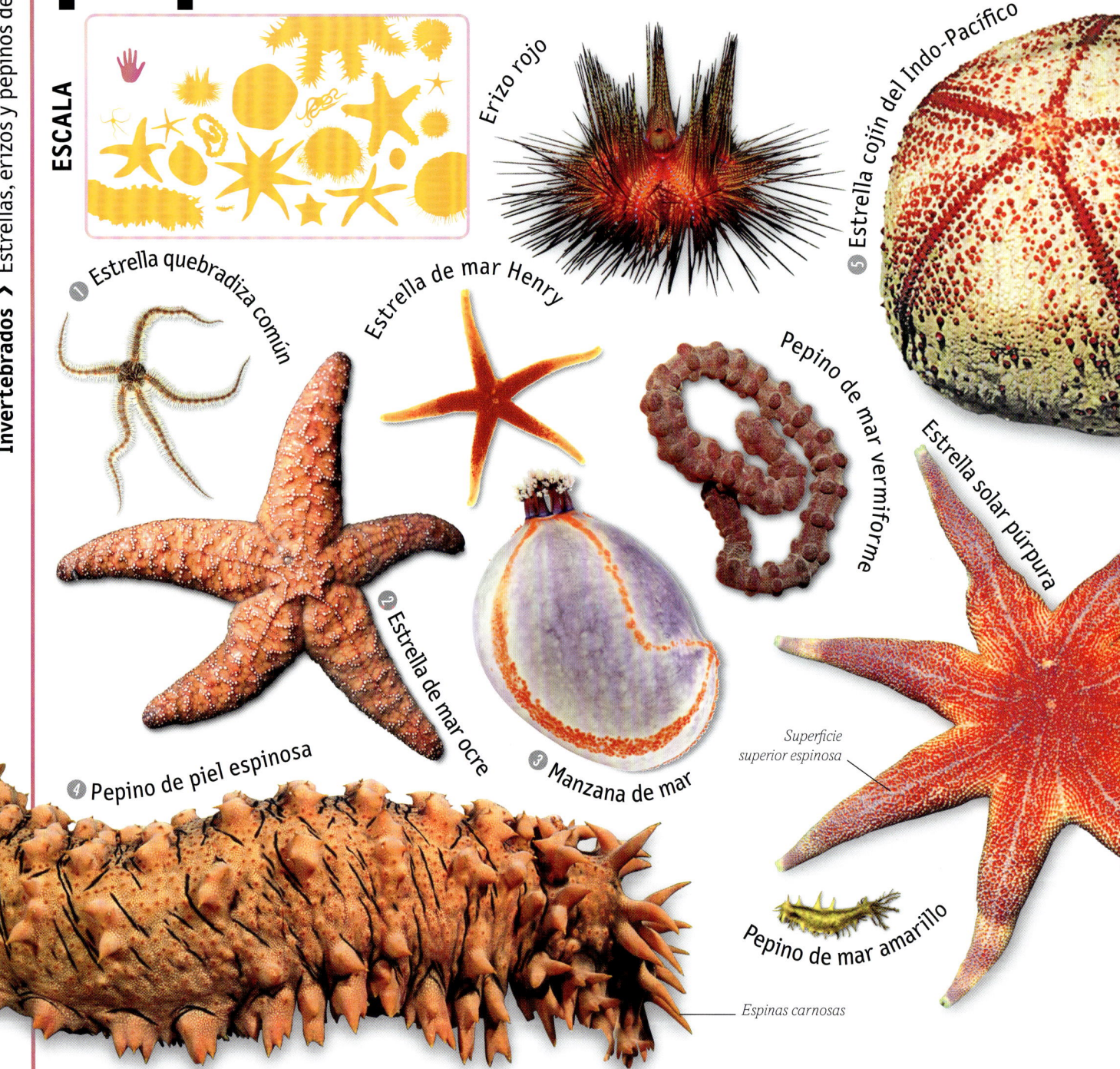

ESCALA

① Estrella quebradiza común

Estrella de mar Henry

Erizo rojo

⑤ Estrella cojín del Indo-Pacífico

Pepino de mar vermiforme

Estrella solar púrpura

② Estrella de mar ocre

③ Manzana de mar

Superficie superior espinosa

④ Pepino de piel espinosa

Pepino de mar amarillo

Espinas carnosas

Las estrellas de mar y sus parientes, que viven solo en agua salada, son únicas en muchos sentidos. La mayoría tienen cinco brazos que salen del centro de su cuerpo. Presentan esqueleto o una carcasa compuesta por duras placas calcáreas. La **estrella quebradiza común** ① se desplaza oscilando los brazos, pero la mayoría de los animales de este grupo lo hacen con cientos de pequeños tubos, a modo de pies. La **estrella de mar ocre** ② se alimenta de mejillones y otros moluscos, y atrapa a sus presas con los tubos. Los pepinos de mar atrapan el alimento con el anillo de tentáculos que rodea su boca. La **manzana de mar** ③ es muy tóxica y vive en los arrecifes. Sus colores ahuyentan a los depredadores. Otras especies, como el **pepino de piel espinosa** ④, son del color de la arena.

6 Corona de espinas

Estrella de plumas

Hileras de tubérculos rojos

Estrella de espina roja

Estrella frágil de espinas cortas

Espinas venenosas para protegerse

Estrella icono

7 Erizo de mar común

8 Erizo de mar morado

9 Patata de mar

Falso erizo de fuego

Superficie lisa sin espinas

Estrella cojín roja

10 Estrella de mar azul

Púas venenosas muy dolorosas

La **estrella cojín del Indo-Pacífico 5** cada vez tiene los brazos más cortos, hasta parecer un cojín y suele alimentarse de coral. La **corona de espinas 6** es una estrella de mar grande con brazos cubiertos de púas venenosas. Arrasa arrecifes enteros con su voraz apetito. Los erizos de mar se arrastran por rocas y arrecifes, y recogen el alimento con la boca de su parte inferior. El **erizo de mar común 7** tiene espinas cortas y una carcasa redondeada, mientras que el **erizo de mar morado 8** presenta espinas largas que se rompen fácilmente. La **patata de mar 9** cava en el lodo del lecho marino, tiene espinas y es aerodinámica. Los erizos de mar usan las púas para defenderse, mientras que los pepinos de mar lanzan una masa de hebras pegajosas. A la **estrella de mar azul 10** y a sus parientes se les regeneran los brazos.

Ciempiés y milpiés

ESCALA

Milpiés de espalda plana

① Ciempiés terrestre amarillo

② Escolopendra tigre

Escolopendra

Ciempiés de piedra

③ Milpiés gigante americano

Ciempiés rayado

Milpiés gigante americano

④ Milpiés píldora gigante

Milpiés serpiente marrón

Ciempiés tigre

Milpiés de espalda plana de Tanzania

Su cuerpo plano cabe bajo las piedras

Los ciempiés y los milpiés pertenecen a un grupo de animales llamados artrópodos, que tienen patas articuladas y una carcasa corporal dura. Los milpiés son lentos y comen plantas, pero los ciempiés son ágiles depredadores de sentidos agudos y colmillos venenosos. El **ciempiés terrestre amarillo** ① caza bajo el suelo. Con su cuerpo flexible y sus cortas patas, se cuelan entre las partículas de tierra. Si lo desentierras, sale huyendo. La **escolopendra tigre** ② es una de las más grandes. Puede medir 25 cm de largo. Mata a pequeños roedores y su mordisco es muy doloroso. Los ciempiés tienen dos patas en cada segmento del cuerpo y los milpiés cuatro. El **milpiés gigante americano** ③ puede tener más de 200 patas. Al igual que otros milpiés, le salen pares nuevos cada vez que muda o cambia de piel. El milpiés

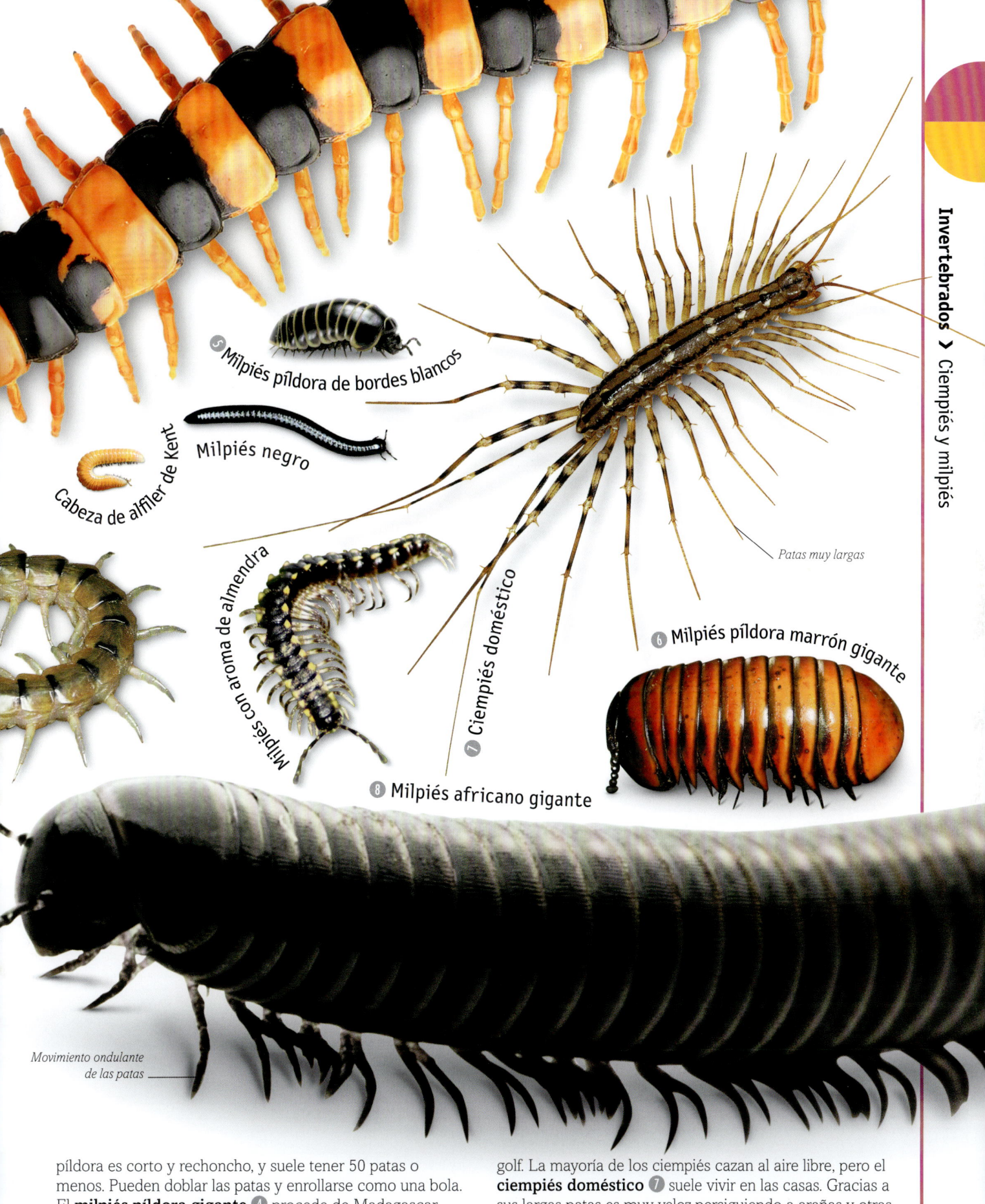

⑤ Milpiés píldora de bordes blancos

Milpiés negro

Cabeza de alfiler de Kent

Milpiés con aroma de almendra

Patas muy largas

⑥ Milpiés píldora marrón gigante

⑦ Ciempiés doméstico

⑧ Milpiés africano gigante

Movimiento ondulante de las patas

píldora es corto y rechoncho, y suele tener 50 patas o menos. Pueden doblar las patas y enrollarse como una bola. El **milpiés píldora gigante** ④ procede de Madagascar, mientras que el **milpiés píldora de bordes blancos** ⑤ se encuentra en Europa. El **milpiés píldora marrón gigante** ⑥ de los bosques de Borneo es uno de los milpiés píldora más grandes. Enrollado, abulta como una pelota de

golf. La mayoría de los ciempiés cazan al aire libre, pero el **ciempiés doméstico** ⑦ suele vivir en las casas. Gracias a sus largas patas es muy veloz persiguiendo a arañas y otras presas. Con sus más de 300 patas, el **milpiés africano gigante** ⑧ es uno de los milpiés más grandes. Cuando se siente amenazado por un depredador, segrega un líquido fétido para ahuyentarlo.

69

Arañas y parientes

Araña cangrejo gigante

Segadora cornuda

Tarántula del Chaco 1

Lanza pelos urticantes a sus enemigos

Araña camello americana

2 Araña calabaza

3 Araña camuflada de las flores

4 Araña de trampilla

Araña lobo pardosa

Araña segadora

Cuerpo de pera y cabeza pequeña

Araña mariquita

Araña látigo

Largas patas delanteras usadas como antenas

ESCALA

Muchas personas tienen miedo de las arañas, pero el mundo sería muy distinto sin ellas. Estos animales de ocho patas son cazadores muy eficaces. Entre miles de ellas, los científicos solo han encontrado una que coma plantas. Son parientes cercanas de las arañas camello, las arañas látigo y las arañas segadoras, así como de las garrapatas, los ácaros y los escorpiones. La **tarántula del Chaco** 1 pasa el día en su madriguera y sale a comer por la noche. Como el resto de las arañas, mata a sus presas inyectándoles veneno con los colmillos. La **araña calabaza** 2 atrapa a insectos voladores tejiendo telarañas, pero la **araña camuflada de las flores** 3 se coloca sobre las flores, donde atrapa abejas y mariposas. La **araña de trampilla** 4 se oculta en una madriguera cubierta de seda equipada con bisagras y una

70

Patas terminadas en garras retráctiles

⑤ Tarántula de anillos rojos

⑥ Viuda negra del norte

⑦ Araña patas largas

Araña de jardín europea

Ocho ojos pequeños

Araña cruz de san Andrés

⑧ Araña doméstica gigante

Araña saltadora

⑨ Araña balsa

Araña arco iris

Araña saltadora marrón

⑩ Tarántula Goliat

trampilla camuflada. Si algo toca una bisagra, la araña abre la trampilla y caza a su presa. La **tarántula de anillos rojos** ⑤ vive en los bosques y es una mascota muy popular. Crece poco a poco y puede vivir más de 20 años. La **viuda negra del norte** ⑥, de Norteamérica, es mucho más pequeña pero también más peligrosa. Las hembras son mucho más grandes que los machos y pueden ser fatales para un humano.

La **araña patas largas** ⑦ suele vivir en sitios cerrados, como la **araña doméstica gigante** ⑧, una especie que teje telarañas en forma de embudo. La **araña balsa** ⑨ está al acecho en la orilla de charcas y balsas, donde atrapa renacuajos y peces. La **tarántula Goliat** ⑩ de Sudamérica come insectos, roedores, ranas o murciélagos. Es una de las más grandes, con una envergadura como la de un plato.

ESCALA

⓫ Araña errante brasileña

Araña panadera

⓬ Araña de embudo australiana

Arañas de saco

Ocho patas

Bolsa de seda con huevos transportada por la hembra

Araña de tela de guardería

⓭ Araña cochinilla

⓮ Araña de tela de guardería

Cuatro pares de ojos

Partes de la boca en forma de pinza

Escorpión látigo

Garrapata estrella solitaria

Araña de seda dorada

⓯ Araña de cueva

Araña tejedora de orbes de nuez

⓰ Araña de seda dorada

Mechones de pelo en las patas

Todas las arañas producen seda, pero solo algunas tejen telarañas para atrapar a sus presas. Otras muchas cazan en el suelo. La **araña errante brasileña** ⓫ es una de las más peligrosas. Deambula por los bosques de noche y a veces por zonas urbanas, y se encarama a las personas mientras duermen. La **araña de embudo australiana** ⓬ también es peligrosa para los humanos.

Las hembras viven en madrigueras, pero los machos se cuelan en los jardines y muerden a las personas si se sienten amenazados. La **araña cochinilla** ⓭ es mucho más pequeña, pero tiene unos colmillos muy fuertes. La **araña de tela de guardería** ⓮ y la **araña de cueva** ⓯ confeccionan bolsas de seda para transportar los huevos, mientras que la **araña de seda dorada** ⓰ usa la seda para tejer una de las

17 Escorpión gigante del desierto

Escorpión de Chile

Aguijón levantado para amenazar a los enemigos

Escorpión de cola gorda **18**

20 Escorpión emperador

Pinzas atrapapresas

19 Escorpión dorado

Pinzas cubiertas de pelos sensitivos

Escorpión común

Ácaro de terciopelo

telarañas más grandes. Tiene forma de rueda, mide más de 1 m de diámetro y es fuerte como para atrapar colibrís y ranas. Como las arañas, los escorpiones tienen ocho patas, pero además cuentan con dos pinzas y un aguijón venenoso en la cola. El **escorpión gigante del desierto** **17** es el mayor de Norteamérica. Como otros escorpiones, descuartiza a sus presas con las pinzas y se defiende con el aguijón. El **escorpión**

de cola gorda **18** es más pequeño, pero su veneno es mucho más potente. Procede del desierto del Sáhara y de Oriente Medio. Los **escorpiones dorados** **19** viven también allí, pero el **escorpión emperador** **20** habita en los bosques de África tropical. Es uno de los escorpiones más grandes. Mide 25 cm de largo. Parece amenazador, pero su picadura es como la de una avispa.

73

ARAÑA DE MAR
Pertenece a un grupo de animales marinos llamados pantópodos, que significa «todo patas». Sus patas son tan largas comparadas con su cuerpo que albergan órganos internos. Esta araña de mar (*Calipallenid pycnogonid*) procede de los arrecifes de coral que hay frente a la costa de Australia. Solo mide unos centímetros de diámetro, pero los especímenes más grandes pueden medir 90 cm de punta a punta.

Tamaño ❯ entre 1 mm y 90 cm. **Hábitat ❯** Lecho marino; las especies más pequeñas viven en aguas poco profundas y las más grandes lo hacen en las profundidades del océano Antártico. **Distribución ❯** Mares y océanos de todo el mundo. **Dieta ❯** Animales de cuerpo blando como esponjas de mar, anémonas y pólipos coralinos. Usa su apéndice succionador, o probóscide, para extraer los fluidos de la presa, o corta pedazos y se los mete en la boca. **Reproducción ❯** De los huevos salen larvas. En la mayoría de las especies, las larvas flotan libremente mientras crecen. En algunas viven en las patas delanteras de su padre y en otras como parásitos en animales como pólipos coralinos o almejas.

Crustáceos

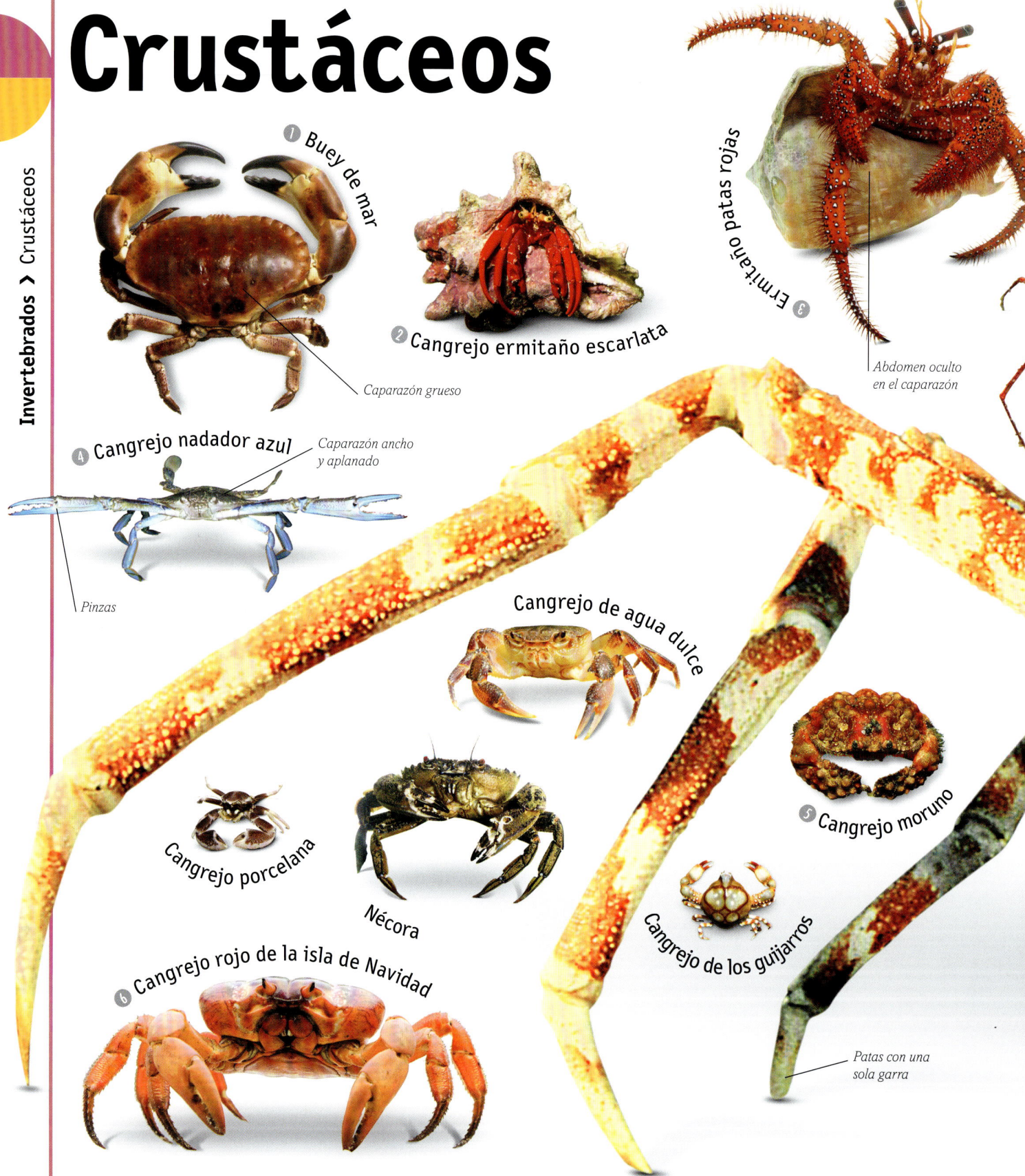

❶ Buey de mar

Caparazón grueso

❷ Cangrejo ermitaño escarlata

❸ Ermitaño patas rojas

Abdomen oculto en el caparazón

❹ Cangrejo nadador azul

Caparazón ancho y aplanado

Pinzas

Cangrejo de agua dulce

Cangrejo porcelana

Nécora

Cangrejo moruno ❺

Cangrejo de los guijarros

❻ Cangrejo rojo de la isla de Navidad

Patas con una sola garra

Los crustáceos no suelen vivir en tierra firme, sino en agua dulce o en el mar. Este grupo incluye langostas, gambas y langostinos, y también cientos de cangrejos. Algunos crustáceos forman bancos enormes, pero los cangrejos suelen vagar por el lecho marino o la orilla del mar. El **buey de mar** ❶ dispone de una coraza, o caparazón, superfuerte. Sus potentes pinzas pueden romper conchas de moluscos y partir dedos humanos. El **cangrejo ermitaño escarlata** ❷ y el **ermitaño patas rojas** ❸ presentan pinzas pequeñas y viven en el caparazón de otros animales. Van cambiando de caparazón a medida que crecen y cada vez que cambian de casa comprueban que tenga el tamaño perfecto. El **cangrejo nadador azul** ❹ tiene unas patas traseras que actúan como remos. Le gusta pasar el tiempo en las orillas arenosas o

ESCALA

Cangrejo esponja peludo

Patas traseras cortas

Cangrejo de arrecife manchado

Cuerpo en forma de pera

⑦ Cangrejo violinista naranja

⑧ Cangrejo araña

⑨ Cangrejo gigante japonés

Patas y cuerpo blindados

lodosas. El **cangrejo moruno** ❺ escarba en la arena del lecho marino y se cubre la cara con las garras. El **cangrejo rojo de la isla de Navidad** ❻ vive en bosques tropicales rodeados por el océano Índico. Durante la época de reproducción, millones de ellos salen del bosque y se dirigen hacia la costa, donde se aparean y ponen sus huevos. El **cangrejo violinista naranja** ❼ construye su madriguera en pantanos de manglares. Los machos tienen una pequeña garra para alimentarse y otra muy grande que les sirve para comunicarse con las hembras. El **cangrejo araña** ❽ vive en los arrecifes, mientras que el **cangrejo gigante japonés** ❾ merodea por el lecho marino. Con sus 4 m de diámetro, es el crustáceo más grande del mundo y puede llegar a vivir hasta 100 años.

⑩ **Cigala**

Dos pares
de antenas

Antenas rojas

⑪ **Sastre**

Cuerpo flexible terminado
en una cola en abanico

Cangrejo de río europeo

Pinzas largas

⑫ Langosta
de arrecife

Camarón Aesop

⑬ Langosta espinosa
de la raya-pierna

Rayas negras
de tigre

Langostino tigre

Remos en el extremo
del abdomen

⑭ Kril antártico

⑮ Langosta zapatilla esculpida

Langosta real española

Percebe de bellota gigante

Las langostas, las gambas y los langostinos son crustáceos de cuerpo largo y muchas patas. La **cigala** ⑩ vive en madrigueras y se alimenta por la noche de animales vivos y restos muertos. El **sastre** ⑪ es un pariente cercano de los cangrejos. Como otras langostas achaparradas, tiene 10 patas, pero el último par es pequeño y está oculto bajo la cola. Las **langostas de arrecife** ⑫ son de vivos colores, por lo que son mascotas de acuario muy populares. La **langosta espinosa de la raya-pierna** ⑬ tiene unas antenas muy largas que emiten un sonido para ahuyentar a los depredadores. Si se ve acorralada, nada hacia atrás a gran velocidad. El **kril antártico** ⑭ vive en el océano Glacial Antártico, en bancos de varios kilómetros. Estos crustáceos son un alimento vital para pingüinos, focas y ballenas, como la ballena azul, que

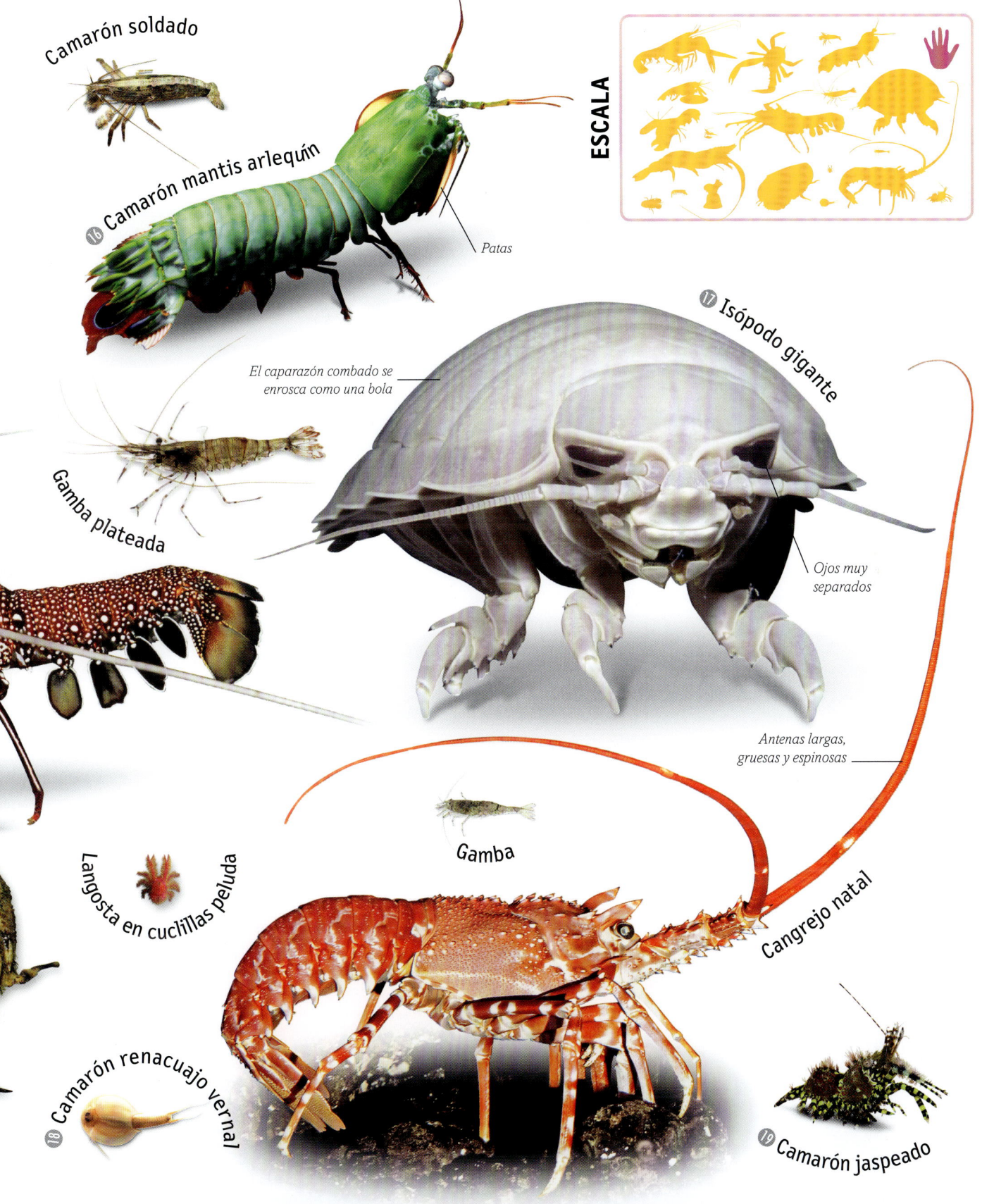

Camarón soldado

⑯ Camarón mantis arlequín

Patas

ESCALA

⑰ Isópodo gigante

El caparazón combado se enrosca como una bola

Gamba plateada

Ojos muy separados

Antenas largas, gruesas y espinosas

Gamba

Langosta en cuclillas peluda

Cangrejo natal

⑱ Camarón renacuajo vernal

⑲ Camarón jaspeado

puede tragarse más de 4 toneladas de kril al día. La **langosta zapatilla esculpida** ⑮ es redondeada y se mimetiza con la arena del lecho marino. El **camarón mantis arlequín** ⑯ es un depredador que destroza la concha de caracoles y cangrejos con las patas delanteras y puede romper el cristal de un acuario. El **isópodo gigante** ⑰ busca carroña por el lecho marino y come alguna presa viva. Como en las

profundidades apenas hay luz, dispone de una gran antena para orientarse. El **camarón renacuajo vernal** ⑱ de California se reproduce en pozas efímeras de agua dulce. Los adultos mueren cuando la poza se seca, pero los huevos pueden sobrevivir hasta 10 años y eclosionan cuando llueve. El **camarón jaspeado** ⑲ es marrón con manchas verdes durante el día y se vuelve rojo por la noche.

Insectos

Los insectos, desde las bonitas mariposas hasta los molestos mosquitos, son las criaturas más exitosas de la Tierra. Su cuerpo presenta una cubierta exterior dura y está dividido en tres partes: cabeza, tórax y abdomen. La mayoría de los insectos adultos tienen alas y muchos pueden volar. Los científicos creen que quedan aún millones de especies por descubrir.

Alas ❯ La mayoría de los insectos tienen dos pares de alas. Uno de ellos puede tener otra forma, como los élitros rígidos del escarabajo. Esta hembra de ninfa del bosque no vuela, pero bate las alas para ahuyentar a los enemigos.

Ninfa del bosque

Cabeza ❯ La primera sección del cuerpo alberga el cerebro, los órganos de los sentidos y la boca, que está adaptada a su dieta. Esta ninfa del bosque mastica hojas, mientras que las mariposas sorben el néctar de las flores.

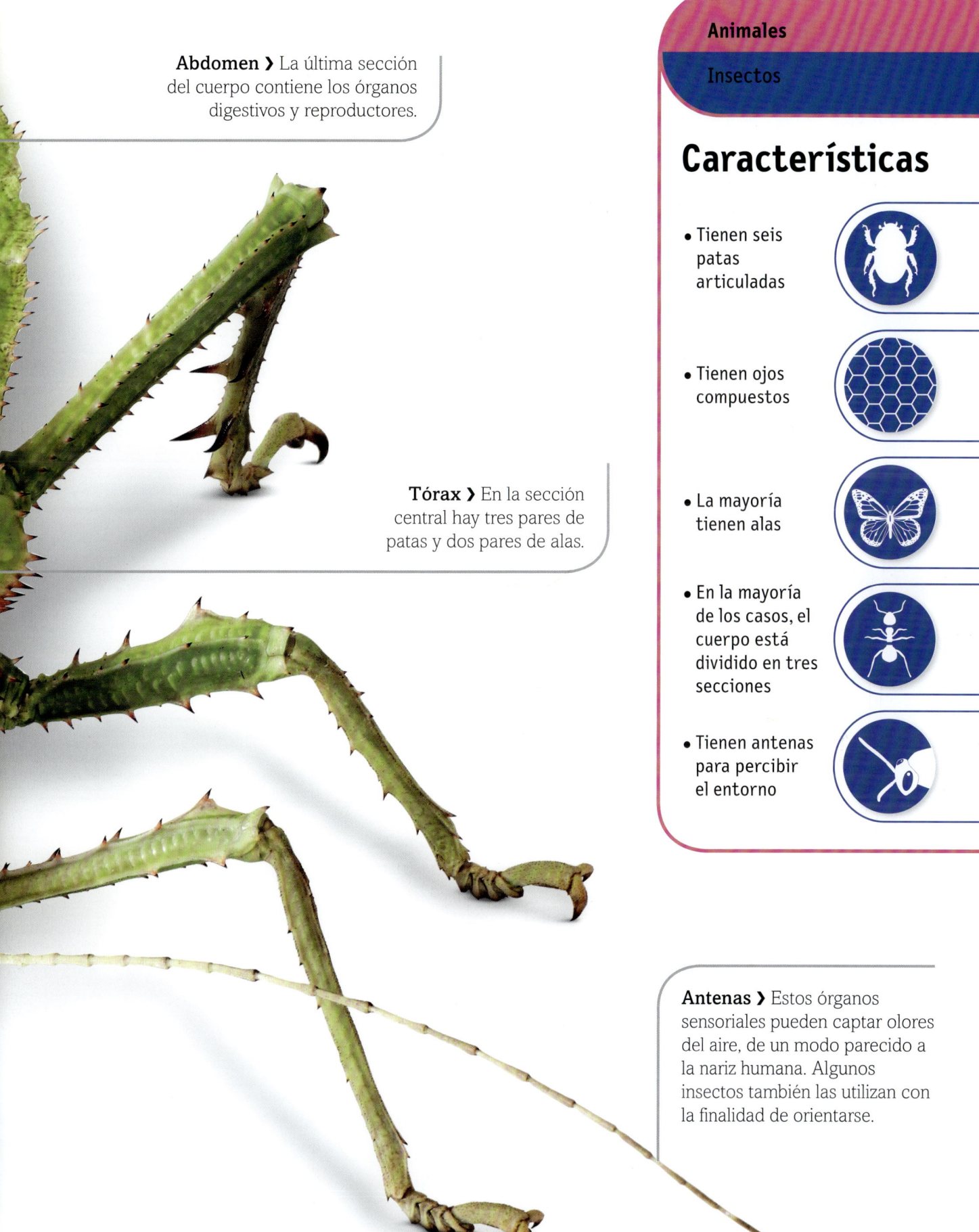

Abdomen ❯ La última sección del cuerpo contiene los órganos digestivos y reproductores.

Tórax ❯ En la sección central hay tres pares de patas y dos pares de alas.

Características

- Tienen seis patas articuladas

- Tienen ojos compuestos

- La mayoría tienen alas

- En la mayoría de los casos, el cuerpo está dividido en tres secciones

- Tienen antenas para percibir el entorno

Antenas ❯ Estos órganos sensoriales pueden captar olores del aire, de un modo parecido a la nariz humana. Algunos insectos también las utilizan con la finalidad de orientarse.

Libélulas y zigópteros

ESCALA

① Libélula verde

Tetracanthagyna plagiata

Alas grandes para volar rápido

② Libélula azul

③ Macromia illinoiensis

Las cuatro alas son casi del mismo tamaño

Libélula esmeralda

Rayas características

Manchas azules y negras en el macho

⑤ Caballito del diablo azul

④ Libélula rayadora flameada

La envergadura de las alas es mayor que la longitud del cuerpo

Abdomen acabado en forma de porra

Las libélulas y los zigópteros, o caballitos del diablo, que surcan el cielo con sus alas transparentes, cazan insectos para alimentarse. Las primeras son robustas y de cabeza redondeada, los segundos son más estilizados y tienen la cabeza más ancha. Ambos tienen los ojos muy grandes para ver cualquier anímal que se mueva, y tienen visión lateral e incluso posterior. Sus crías, llamadas ninfas, también cazan. Crecen en el agua y recurren al sigilo y el camuflaje para atrapar a sus presas. La **libélula verde** ① sobrevuela los arroyos de Norteamérica. Sus rígidas alas sobresalen por los lados cuando se posa. La **libélula azul** ②, de Europa, se reproduce en pequeñas charcas y caza lejos del agua. La *Macromia illinoiensis* ③ deambula por los ríos y arroyos rocosos, mientras que la **libélula rayadora flameada** ④

Manchas de colores para atraer a posibles parejas

Cola de cesta común

Ojos grandes para ver a las presas

Gomphurus externus

7 Cometa darner

Caballito de alas abiertas

Libélula emperador **6**

Fácil de reconocer por sus vivos colores

Caballito del diablo de patas blancas

8 Libélula de vientre plano

9 Caballito del diablo verde

El macho tiene el abdomen escarlata

10 Cola de pétalo gris

Cordulegaster maculata

prefiere el agua cálida y a veces caza sobre fuentes termales. El **caballito del diablo azul** ❺ se reproduce en pequeñas charcas y arroyos. Como otros zigópteros, tiene el cuerpo muy delgado y los ojos muy separados, y dobla las alas al posarse. La **libélula emperador** ❻ es uno de los insectos más grandes de Europa, pero parece pequeño comparado con el gigantesco **cometa darner** ❼ de Norteamérica,

capaz de adelantar a un velocista olímpico. Pasa la mayor parte del tiempo volando. La **libélula de vientre plano** ❽ se posa en los tallos de las plantas y sale disparada para atrapar a cualquier insecto que pase cerca. El **caballito del diablo verde** ❾ revolotea como una mariposa, mientras que la **cola de pétalo gris** ❿ caza en pantanos y suele posarse en los árboles. Sus crías son depredadores feroces.

INSECTO PALO
Este maestro del camuflaje se posa tranquilamente en las ramas de los árboles. Parece una ramita muerta o un brote verde, así que los depredadores no lo ven. Se cree que hay más de 3000 especies en el mundo, desde los que miden como una pequeña hoja hasta los que parecen ramas de más de medio metro de longitud. Este insecto palo de Madagascar parece un brote con espinas muy poco apetitoso.

Tamaño ❯ 2,5-55 cm **Peso ❯** Hasta 65 g **Hábitat ❯** Selvas y bosques tropicales. **Distribución ❯** Regiones tropicales y subtropicales del sudeste asiático y Australia, así como Madagascar, América del Sur y Central, y sur de Estados Unidos. Algunas especies en Europa continental y las islas británicas. **Dieta ❯** Hojas de árbol y arbusto, y bayas.

Reproducción ❯ Las hembras ponen huevos solas o apareándose con machos. De los huevos salen ninfas, que mudan varias veces antes de ser adultas. **Longevidad ❯** Desde unos meses hasta pocos años. **Depredadores ❯** Aves, pequeños reptiles y roedores. Defensas: camuflaje, espinas afiladas, batir de alas, siseo o lanzar líquido fétido o ardiente.

Grillos y saltamontes

❶ Langosta de algodoncillo verde

Antenas más largas
que el cuerpo

Grillo de arbusto moteado

Ojos grandes

❷ Langosta del desierto

Langosta pigmea

Grillo doméstico

Calliptamus italicus

❸ Phymateus morbillosus

Macrotona común

Con sus potentes patas traseras, los grillos y los saltamontes son grandes saltadores. También son muy ruidosos, ya que emiten sonidos agudos frotándose las patas o las alas. Muchos viven solos, pero las langostas migran en enormes enjambres. La **langosta de algodoncillo verde** ❶ es una de las más grandes, mientras que la **langosta del desierto** ❷ ostenta el récord de cantidad. Algunos de sus enjambres contienen más de 30 000 millones de insectos, cuatro veces la cantidad de personas que habitan la Tierra. La mayoría de los saltamontes se camuflan para protegerse. El *Phymateus morbillosus* ❸ exuda espuma venenosa por la parte posterior de la cabeza y su color brillante advierte que es peligroso comérselo. Los saltamontes adultos suelen tener dos pares de alas, pero algunos grillos no tienen alas

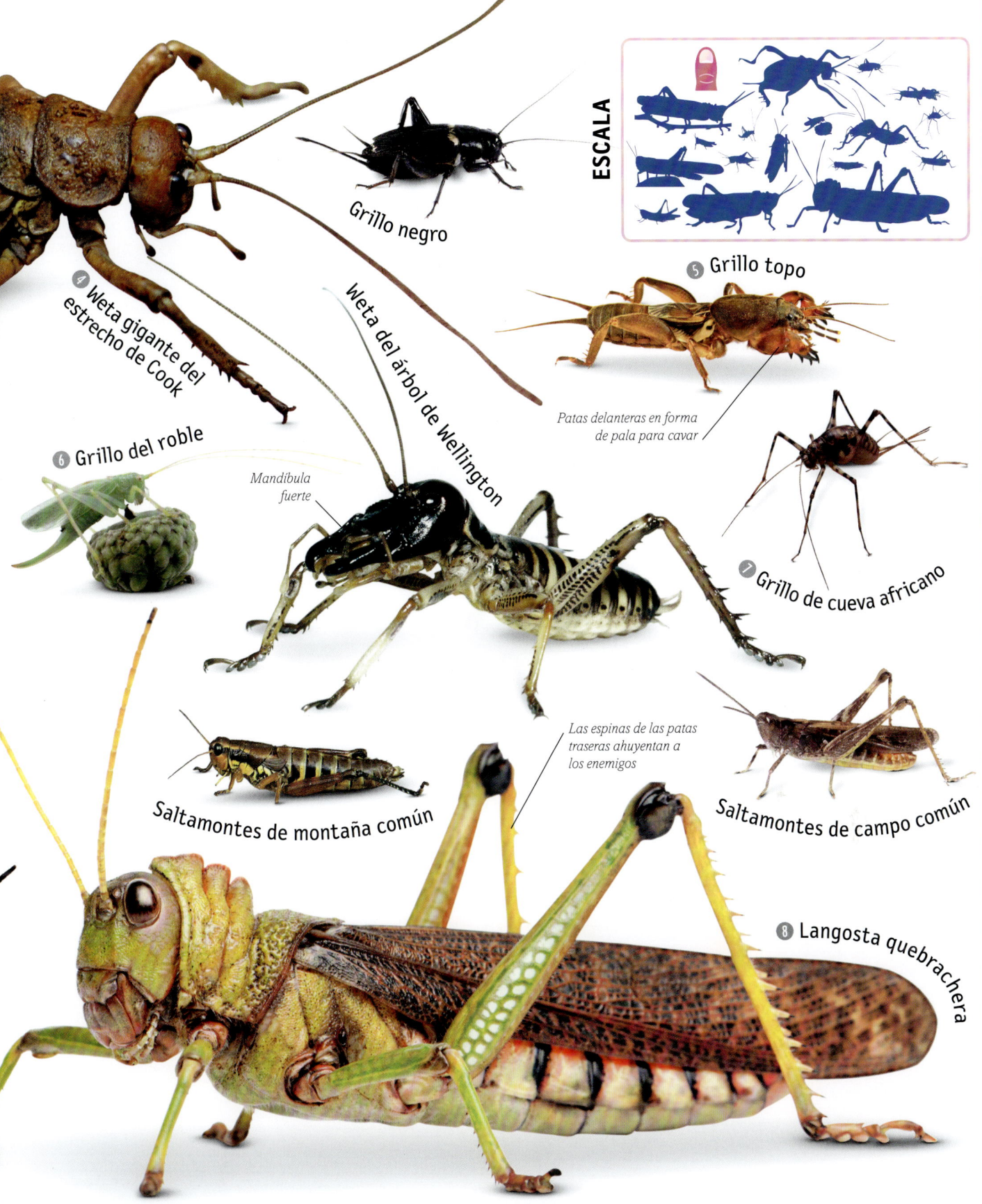

Grillo negro

5 Grillo topo

4 Weta gigante del estrecho de Cook

Weta del árbol de Wellington

Patas delanteras en forma de pala para cavar

6 Grillo del roble

Mandíbula fuerte

7 Grillo de cueva africano

Las espinas de las patas traseras ahuyentan a los enemigos

Saltamontes de montaña común

Saltamontes de campo común

8 Langosta quebrachera

y no pueden volar. Entre los más grandes está el weta de Nueva Zelanda. El **weta gigante del estrecho de Cook** 4 es casi tan grande como un ratón. Si se siente amenazado, levanta las patas traseras por encima de la cabeza, listo para pelear. La mayoría de los grillos y saltamontes se alimentan de plantas, pero algunos son depredadores y carroñeros. Y los hay que se comen a animales de su propia especie.

El **grillo topo** 5 se pasa la vida en madrigueras subterráneas, alimentándose de gusanos, raíces y gramíneas. Tiene unas patas delanteras macizas que usa como palas. El **grillo del roble** 6 es un cazador y el **grillo de cueva africano** 7 come desde heces de murciélago hasta carroña. La **langosta quebrachera** 8 se encuentra en Sudamérica. Con sus 12 cm de largo, es más grande que algunas aves.

Chinches y membrácidos

Chinche sapo

Chinche espinosa ❶

Escorpión de agua

Chinche cabeza de dragón

Cabeza en forma de nuez

❸ Insecto escudo verde

❺ Chinche del cacahuete

Alas posteriores coloridas

Hidrómetra

❹ Chicharrita

Cápside verde común

Falsos ojos para ahuyentar depredadores

❻ Ácaro de cama

Los hemípteros o chinches son un grupo de insectos que viven tanto en agua dulce como en tierra firme. Tienen piezas bucales afiladas para absorber líquidos. Algunos se alimentan de savia y otros de sangre o fluidos de sus presas. Los que absorben savia se alimentan al aire libre y suelen camuflarse para ocultarse. La **chinche espinosa** ❶ tiene un pico que parece un pincho. Las especies tropicales,

como la **chinche cabeza de dragón** ❷, pueden ser más grandes que algunas mariposas. Esta chinche tiene las alas posteriores de vivos colores para asustar a sus enemigos. El color del **insecto escudo verde** ❸ le ayuda a camuflarse entre las hojas. Las crías de **chicharrita** ❹ se ocultan en nidos de espuma. El **chinche del cacahuete** ❺, otra especie tropical, tiene unos falsos ojos enormes para confundir a los

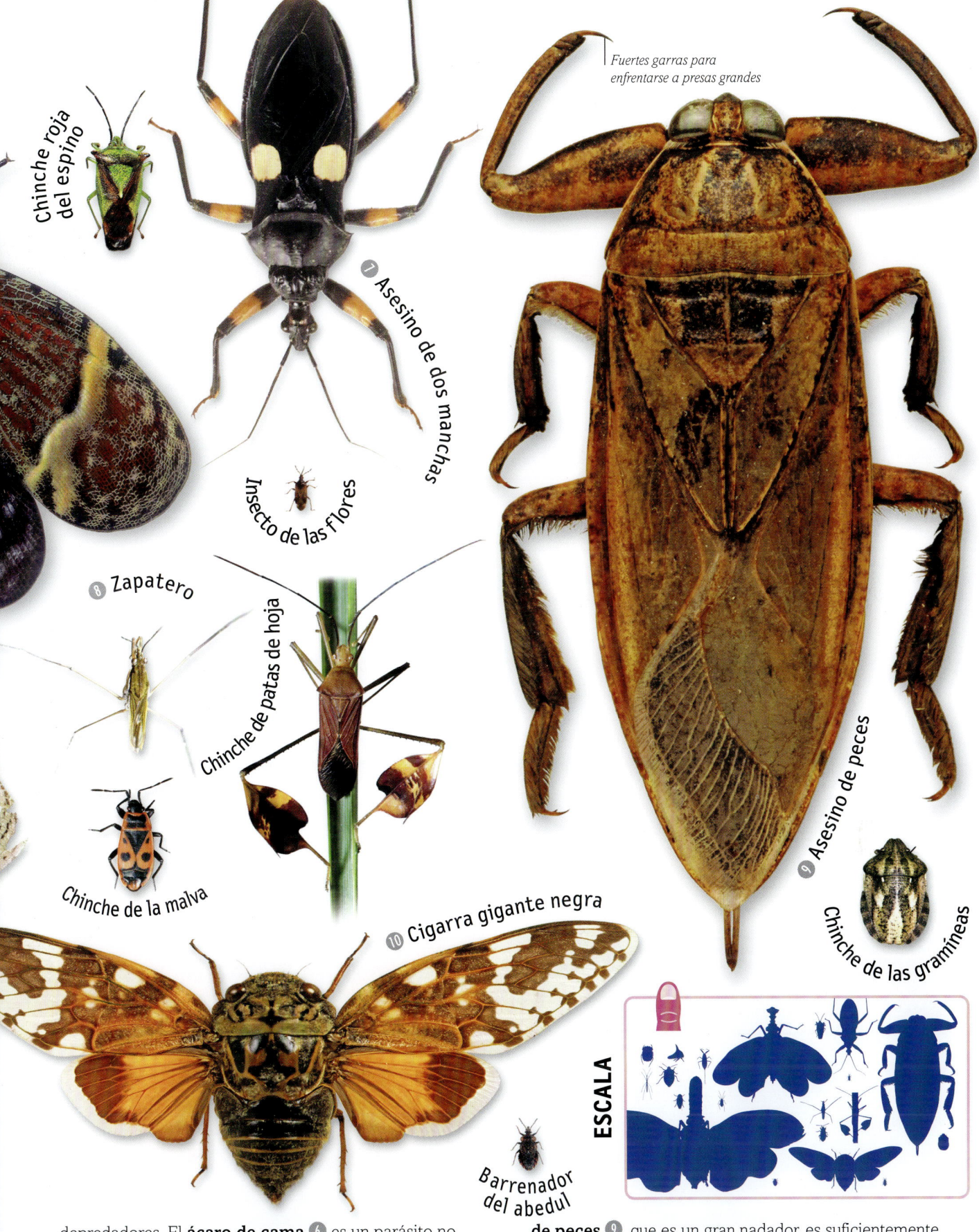

Chinche roja del espino

Fuertes garras para enfrentarse a presas grandes

❼ Asesino de dos manchas

Insecto de las flores

❽ Zapatero

Chinche de patas de hoja

Chinche de la malva

❾ Asesino de peces

Chinche de las gramíneas

❿ Cigarra gigante negra

ESCALA

Barrenador del abedul

depredadores. El **ácaro de cama** ❻ es un parásito no volador que sale por la noche para chupar la sangre de los humanos. Muchos de los insectos depredadores tienden emboscadas a sus presas. En tierra firme lo hacen así el **asesino de dos manchas** ❼ y sus numerosos parientes. En agua dulce, son incluso más abundantes. Algunos, como el **zapatero** ❽, viven en la superficie del agua, El **asesino**

de peces ❾, que es un gran nadador, es suficientemente grande como para cazar incluso ranas y peces. La mayoría de estos insectos son silenciosos, pero algunos de ellos emiten ruidos fuertes. El macho de la **cigarra gigante negra** ❿ atrae a las hembras con un canto de cortejo que resulta ensordecedor. Como otras muchas cigarras, cantan solo cuando son adultas.

MANTIS RELIGIOSA

Con sus rasgos angulosos y su cabeza triangular, parece una criatura de otro planeta. Es fácil de reconocer por sus largas patas delanteras colocadas como si rezara, que puede lanzar a gran velocidad sobre sus presas. Algunas especies, como esta mantis religiosa de Tailandia, son de colores vivos, pero la mayoría se mimetizan con el entorno.

Tamaño › 1,2-15 cm **Peso ›** Hasta 10 g **Hábitat ›** Selvas y bosques tropicales. **Distribución ›** Regiones tropicales, especialmente de África, el sudeste asiático y Australia. También en América del Sur y Central, y sur de Estados Unidos. Algunas especies en Europa, Asia Central y Japón. **Dieta ›** Insectos voladores como polillas, saltamontes, moscas y otras mantis. Las hembras se comen a los machos en el apareamiento o después. **Reproducción ›** Las hembras ponen cientos de huevos en una cápsula que entierran o pegan a una planta. De los huevos sales ninfas. **Longevidad ›** 10-12 meses. **Depredadores ›** Aves, ranas, camaleones, serpientes, murciélagos y monos. Se camuflan para protegerse.

Escarabajos

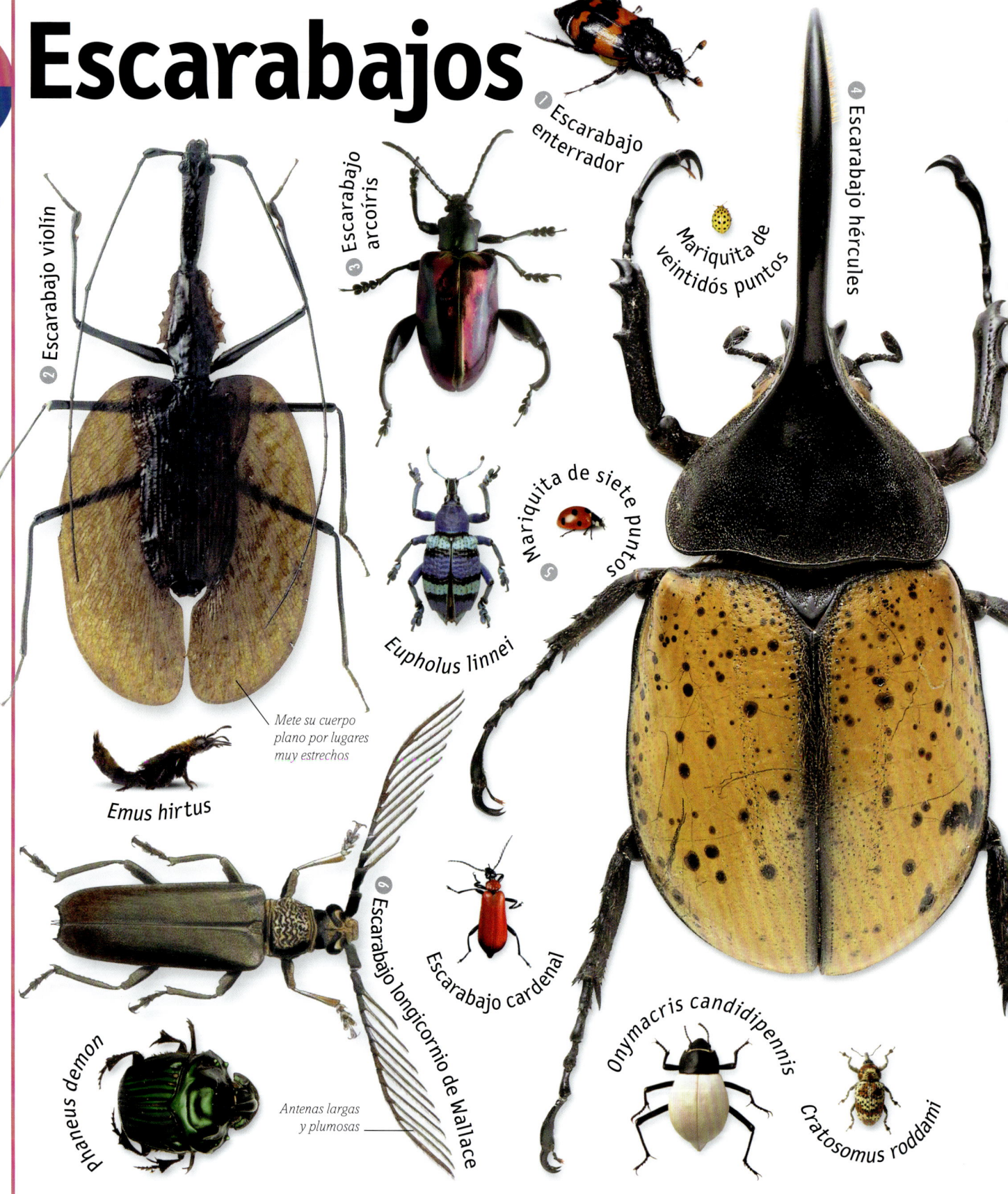

1 Escarabajo enterrador

4 Escarabajo hércules

3 Escarabajo arcoíris

2 Escarabajo violín

Mariquita de veintidós puntos

Mete su cuerpo plano por lugares muy estrechos

Emus hirtus

Mariquita de siete puntos *5*

Eupholus linnei

6 Escarabajo longicornio de Wallace

Escarabajo cardenal

Phaneus demon

Antenas largas y plumosas

Onymacris candidipennis

Cratosomus roddami

Con unas 400 000 especies, los escarabajos son el grupo de insectos más grande. Inician su vida como larvas o gusanos blancos. Los adultos suelen tener dos pares de alas. Sus alas anteriores, llamadas élitros, están endurecidas y se acoplan sobre las posteriores como cubierta protectora. Comen una gran variedad de alimentos. El **escarabajo enterrador** *1* entierra los cuerpos sin vida de pequeños pájaros o roedores y la hembra pone huevos sobre ellos para que las larvas tengan con que alimentarse. El **escarabajo violín** *2* mete su cuerpo plano bajo la corteza de los árboles, donde se alimenta de otros insectos y caracoles. Las larvas del **escarabajo arcoíris** *3* crecen dentro de los tallos de las plantas. El tamaño de los escarabajos puede variar mucho. Los más pequeños caben en la cabeza de un alfiler y los más

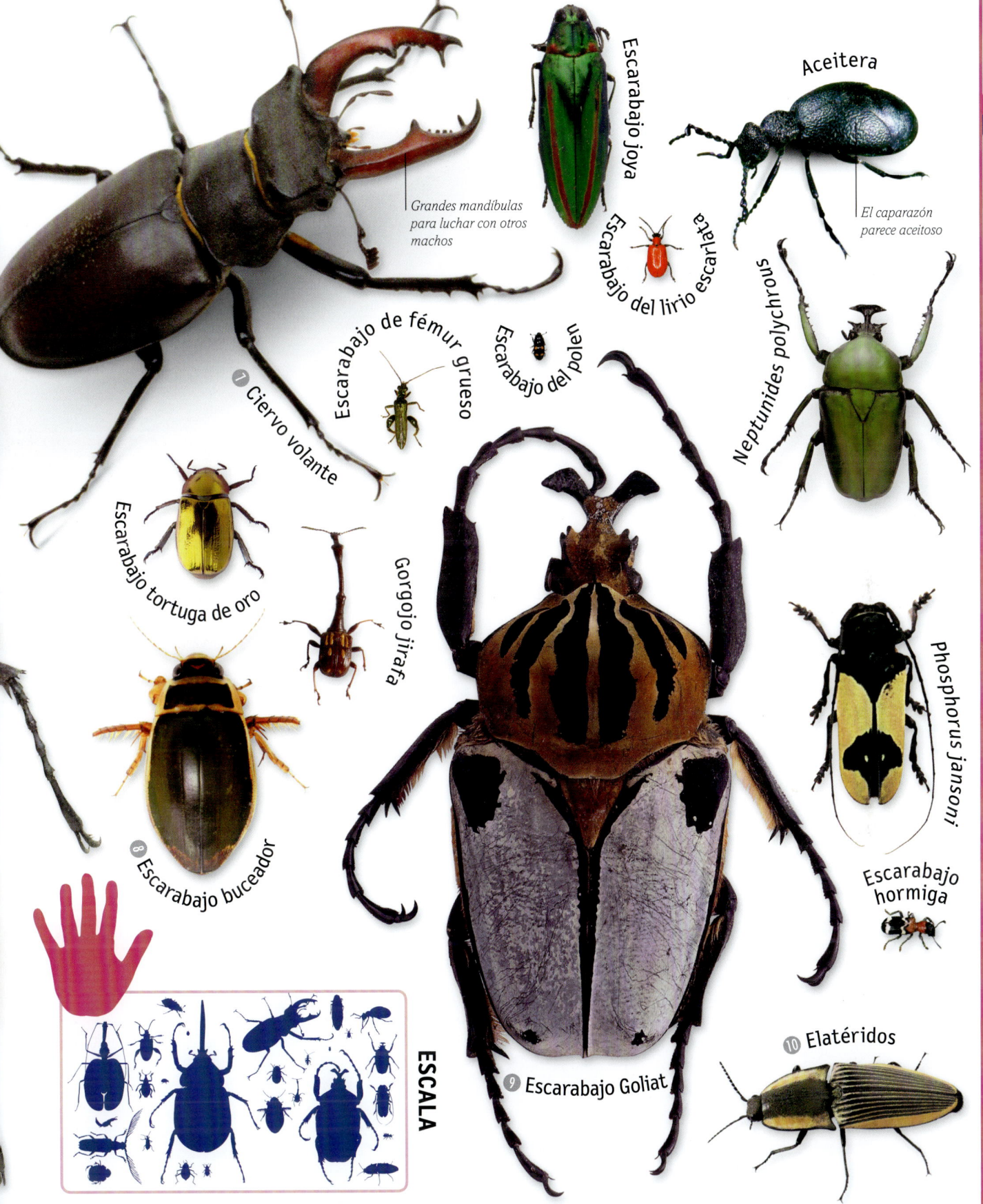

Escarabajo joya

Aceitera

El caparazón parece aceitoso

Escarabajo del lirio escarlata

Grandes mandíbulas para luchar con otros machos

Neptunides polychrous

Escarabajo de fémur grueso

Escarabajo del polen

7 Ciervo volante

Escarabajo tortuga de oro

Gorgojo jirafa

phosphorus jansoni

Escarabajo hormiga

8 Escarabajo buceador

ESCALA

9 Escarabajo Goliat

10 Elatéridos

grandes, como el **escarabajo hércules** **4**, pueden medir más de 15 cm de largo. La **mariquita de siete puntos** **5** se alimenta de áfidos, así que es una buena aliada de granjeros y jardineros. Las larvas del **escarabajo longicornio de Wallace** **6** perforan los árboles, y las del **ciervo volante** **7** viven en la madera en descomposición, donde se ocultan hasta seis años antes de convertirse en adultos. Los machos

adultos luchan para aparearse con sus mandíbulas en forma de cuernos. El **escarabajo buceador** **8** vive en charcas y arroyos, donde nada con sus patas traseras en forma de remo. El **escarabajo Goliat** **9**, de hasta 10 cm de largo, es el insecto más pesado del mundo. Sus larvas pueden pesar 100 g. Bajo la superficie del suelo, las larvas de los **elatéridos** **10** mastican raíces y pueden dañar seriamente las cosechas.

93

Mariposas y polillas

① **Polilla búho**

Gitana

Niña celeste

Polilla diva

② **Rechinadora de lunares azules**

Patrón regente

Polilla de hocico

El macho tiene antenas plumosas

Polilla urraca

③ **Apolo**

Eggar del roble

Triángulo azul

Franja azul en el ala

Mariposa lentejuela

Polilla penacho

④ **Polilla crepuscular**

⑤ **Polilla hércules**

Ziygena de seis puntos

Dysphania cuprina

Cleopatra

A diferencia de otros insectos, las mariposas y las polillas están recubiertas de miles de escamas diminutas, que crean bonitos diseños. Las mariposas suelen ser coloridas, mientras que las polillas son menos llamativas. La mayoría de las polillas, como la **polilla búho** ①, salen por la noche y aprovechan su diseño para camuflarse durante el día, pero algunas revolotean también de día y tienen bonitas alas llenas de color. El macho de la **rechinadora de lunares azules** ② chasquea las alas para marcar su territorio. La **apolo** ③ suele vivir en climas fríos, en las montañas, pero la mayoría de las mariposas y polillas proceden de regiones cálidas. La hermosa **polilla crepuscular** ④ de Madagascar es diurna. La **polilla hércules** ⑤ es una de las especies más grandes y mide hasta 34 cm de ancho, pero, procedente de Papúa Nueva Guinea, la

Tornasolada

Cola de dragón verde

Oruga perforadora de chopos

Su cloración ahuyenta los depredadores

Mariposa alas de pájaro ➏

⑦ Mariposa monarca

Saltadora de la guayaba

Mariposa tigrilla

Polilla satinada de Clara

Pequeño cartero

Gran mariposa grasienta

Hoja de roble india ⑧

⑨ Mariposa de seda

Cola que parece un tallo

Los falsos ojos asustan a los enemigos

Polilla Polifemo

Mariposa manto bicolor

⑩ Mariposa luna

Mariposa alas de Brooke

Lucina

Larga cola en las alas posteriores

supera la **mariposa alas de pájaro** ➏, que es la más grande del mundo, con una envergadura alar de hasta 31 cm. Vuela muy alto y en el pasado los coleccionistas usaban escopetas para cazarlas y hacerse con ellas. La **mariposa monarca** ➐ es la más viajera, pues para reproducirse recorre los 4500 km que separan México de Canadá, y en invierno regresa para escapar del frío. La **hoja de roble india** ➑ es fácil de ver si sus alas están abiertas, pero se confunde con una hoja muerta si las tiene cerradas. La **mariposa de seda** ➒ se cría en cautividad desde hace miles de años. La seda se obtiene de los capullos. La **mariposa luna** ➓ vive menos de una semana como adulta. Como otras muchas polillas, solo come cuando es una oruga. Los adultos no tienen ni siquiera una boca funcional.

⑪ Búho gigante de Automedon

Mariposa azul noche

Polilla fantasma de manchas plateadas

Ninfa boscana

Polilla esmeralda

Polilla fantasma de alas dobladas

ESCALA

⑫ Polilla de cabra de acacia

⑬ Mariposa cometa oriental

Bebedor

Cola fina en las alas inferiores

Mesene de Cramer

Esposa debajo del ala

Ala de pájaro de Cairns

⑭ Mariposa cometa cebra

Gran esfinge morada

⑮ Mariposa cometa

⑯ Chupaleches

Cara de perro californiana

Blanca del majuelo

Las mariposas y las polillas pasan por cuatro etapas a lo largo de su vida: huevo, oruga, pupa y adulto. La etapa de oruga es el periodo en el que más comen y tanto las mariposas como las polillas suelen ser muy quisquillosas con la comida. El **búho gigante de Automedon** ⑪, de América Central y del Sur, crece en las hojas de bambú, mientras que en Australia las orugas de la **polilla de cabra**

de acacia ⑫ perforan las acacias y penetran en ellas. La **mariposa cometa oriental** ⑬ de Norteamérica pone los huevos en muchos tipos de plantas, pero la **mariposa cometa cebra** ⑭ siempre escoge chirimoyos de Florida. Las orugas de la **mariposa cometa** ⑮ y la **chupaleches** ⑯ presentan cuernos hinchables de colores. Los cuernos aparecen cuando se toca a la oruga y desprenden un olor

Topacio

Bómbix de la encina

Alas superiores azul metálico

Pájaro luna

18 Mariposa Atlas

«Ventanas» transparentes en las alas

Polilla plateada y sable

17 Morfo azul andina

19 Esfinge verde

Largas alas delanteras ovales

Blanquita de la col

20 Mariposa búho

Mañanita

Orejuela del pino

Arlequín

21 Diablo blanco

Alas delanteras más largas que las posteriores

Azul de Sonora

Falsos ojos en alas inferiores

Manchas rojas para ahuyentar depredadores

Agrias de Schulze

Mariposa aurora

Polilla leopardo gigante

repulsivo que ahuyenta a los depredadores. La **morfo azul andina** 17, de América Central y del Sur, tiene unas llamativas alas azules. Antiguamente se cazaba para utilizarla en joyería porque mantiene su tonalidad azul incluso después de muerta. La enorme **mariposa Atlas** 18, del sudeste asiático, presenta la mayor superficie alar, con más de 400 cm². La **esfinge verde** 19 y sus parientes están entre las más veloces.

Sus alas estrechas y su abdomen aerodinámico les permiten alcanzar velocidades de más de 35 km/h. La **mariposa búho** 20 debe su nombre a los falsos ojos de sus alas inferiores, que crean la imagen de un rostro que ahuyenta a los pájaros y evita que se las coman. El **diablo blanco** 21 es el insecto de mayor envergadura. El ejemplar más grande registrado medía 36 cm de punta a punta.

ORUGA DE POLILLA BABOSA
Las mariposas y las polillas inician su vida como unas larvas sin alas llamadas orugas. Algunas son difíciles de ver, pero otras, como esta oruga de polilla babosa de Papúa Nueva Guinea, son muy coloridas y tienen una forma singular. Cuando llegan a la edad adulta suelen ser mucho menos vistosas.

Tamaño ❯ Variable, pero pequeño. **Hábitat ❯** Bosque bajo, pantanos y manglares. **Distribución ❯** Regiones tropicales, subtropicales y algunas templadas, del este de Estados Unidos, África subsahariana, sur y sudeste asiático y Australasia. **Dieta ❯** En muchas especies los adultos no tienen piezas bucales. Comen cuando son orugas. Devoran hojas de plantas como las higueras. Algunas especies se consideran plagas porque devoran los cultivos. **Reproducción ❯** Las orugas se refugian en capullos, de los que emergen como polillas adultas. Los adultos se aparean y ponen huevos, de los que salen orugas. **Depredadores ❯** Moscas parásitas y avispas. **Número de especies ❯** Unas 1000 especies de polillas babosas.

Moscas

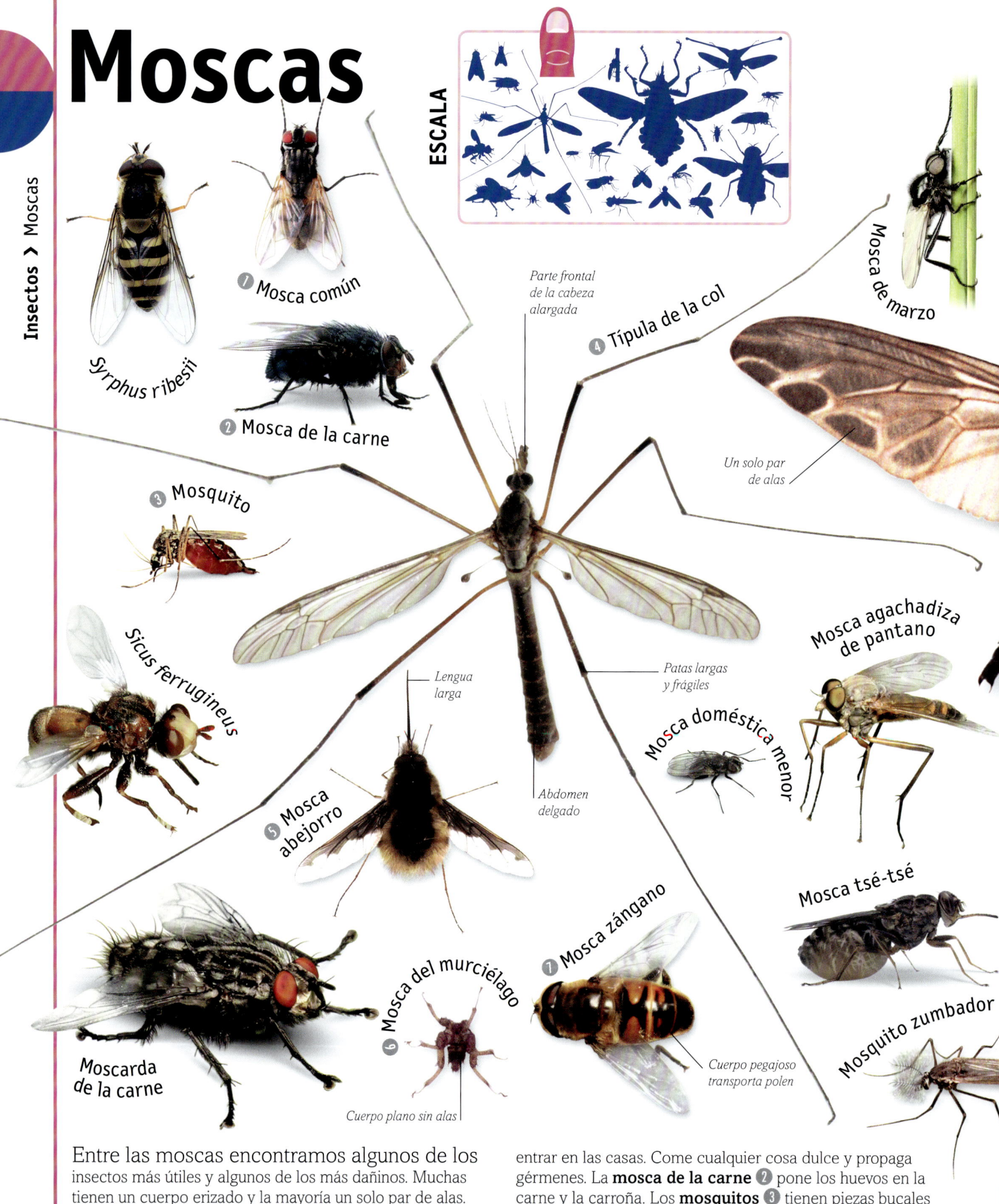

ESCALA

Syrphus ribesii

1 Mosca común

2 Mosca de la carne

3 Mosquito

Sicus ferrugineus

Parte frontal
de la cabeza
alargada

4 Típula de la col

Mosca de marzo

Un solo par
de alas

Lengua
larga

Patas largas
y frágiles

Mosca agachadiza
de pantano

Mosca doméstica menor

Abdomen
delgado

5 Mosca
abejorro

Moscarda
de la carne

Mosca del murciélago

6

1 Mosca zángano

Mosca tsé-tsé

Mosquito zumbador

Cuerpo pegajoso
transporta polen

Cuerpo plano sin alas

Entre las moscas encontramos algunos de los insectos más útiles y algunos de los más dañinos. Muchas tienen un cuerpo erizado y la mayoría un solo par de alas. En vez de alas posteriores tienen un par de halterios, que, como los giroscopios de un avión, le ayudan a mantener el equilibrio mientras hacen piruetas en el aire. La **mosca común ❶** es la más conocida y tiene el molesto hábito de entrar en las casas. Come cualquier cosa dulce y propaga gérmenes. La **mosca de la carne ❷** pone los huevos en la carne y la carroña. Los **mosquitos ❸** tienen piezas bucales afiladas, que usan para beber la sangre de otros animales. En algunas partes del mundo llevan parásitos que pueden causar malaria y otras enfermedades letales. La **típula de la col ❹** tiene unas patas muy largas que se rompen al tocarlas.

Morro flexible para atacar y succionar

⑧ Mosca flotante

⑨ Mosca de ojos saltones

Mosca de la col

⑩ Tábano marrón de ojos anillados

Mosca piojo

Patas con garras fuertes

Mosca polilla

Platyura marginata

⑪ Mosca de la madera

Sombra oscura en el ala

Leucozona leucorum

Mosca cernidora

Abdomen grueso

Las **moscas abejorro** ⑤ son grandes polinizadoras de flores. La **mosca del murciélago** ⑥ no tiene alas. No las necesita porque pasa su vida adulta en el pelo de los murciélagos. La **mosca zángano** ⑦ es muy buena imitadora de las abejas melíferas, y también es eficaz como polinizadora. La imponente **mosca flotante** ⑧ de Australia atrapa insectos mientras vuela y emite un zumbido muy característico.

Los machos de las **moscas de ojos saltones** ⑨ tienen una extraña cabeza y los ojos muy separados. En la época de apareamiento, los machos juntan las cabezas y gana el que tiene los ojos más separados. El **tábano marrón de ojos anillados** ⑩ muerde a los caballos y a veces a las personas, pero las **moscas de la madera** ⑪ son inofensivas y cuando son adultas no comen.

Abejas, avispas y hormigas

Hormiga roja europea

❶ **Abeja melífera**

Avispa tífida

Conducto para poner huevos

Avispa sínfita

Avispa gigante de la madera

❷ **Hormiga guerrera**

Pata con cerdas

❹ **Hormiga podadora**

❸ **Abeja carpintera**

❺ **Hormiga de fuego**

Falsa oruga del rosal

Abeja del sudor

Avispa calcidoidea

Pergidae

Las abejas y sus parientes son insectos muy útiles. Aunque muchas de ellas tienen un aguijón punzante, ayudan a los granjeros polinizando cultivos y exterminando plagas. Excepto las moscas de sierra, todas tienen la cintura fina y la mayoría, dos pares de alas transparentes. Las **abejas melíferas** ❶ viven en colmenas que contienen miles de obreras y una sola reina. La reina pone los huevos, mientras que las obreras construyen los panales, recolectan el alimento y cuidan de las larvas. Las **hormigas guerreras** ❷ también viven en grupo, pero no tienen un hogar permanente. Millones de ellas se desplazan por el suelo del bosque tropical, atrapando pequeños animales con sus fuertes mandíbulas. La **abeja carpintera** ❸ se alimenta del néctar de las flores y pone los huevos en la madera muerta. Como otras abejas, solo usa el

6 Avispa puñal

Cintura fina

Abeja de las orquídeas

Lengua muy larga

Avispa esmeralda

7 Avispa común

Antenas largas

Avispa galígena

8 Abeja del yeso

Avispa pteromálida

10 Avispa de la madera

Conducto para poner huevos

9 Abejorro común

Cerdas como pelos

ESCALA

aguijón si se siente amenazada. La **hormiga podadora** 4 construye nidos gigantes bajo tierra, se alimenta de un hongo especial que producen en hojas masticadas y es inofensiva. La picadura de la **hormiga de fuego** 5 tropical duele más que una quemadura. La **avispa puñal** 6 es un depredador y paraliza a las larvas del escarabajo y pone los huevos en sus cuerpos, para que sus crías dispongan de alimento. La

avispa común 7 hace nidos de papel y ayuda a controlar las plagas. La **abeja del yeso** 8 y el **abejorro común** 9 anidan en el suelo. La primera impermeabiliza el nido con un líquido que segrega, y el segundo dispone de pelos aislantes y es un buen polinizador de cultivos. La **avispa de la madera** 10 parece peligrosa, pero no pica. Las hembras ponen los huevos en los pinos y sus larvas se alimentan de su madera.

Peces

Los peces fueron los primeros vertebrados en evolucionar. Viven en el agua y su cuerpo aerodinámico está adaptado para nadar muy deprisa. Respiran absorbiendo oxígeno del agua a través de las branquias. Tienen un órgano sensorial adicional, la línea lateral, con el que detectan las vibraciones del agua.

Cola › La mayoría la usan para propulsarse por el agua, pero este pez león puede emplearla también para permanecer quieto en el agua, preparado para atacar a sus presas.

Aletas › Las aletas están formadas por espinas óseas unidas por membranas y les sirven para maniobrar por el agua. En algunas especies están adaptadas a otros fines, como cavar en el lodo o la arena. Este pez león puede inyectar veneno con las espinas de sus aletas.

Pez león colorado

Características

- La mayoría se reproducen mediante huevos

- Viven en el agua

- Absorben oxígeno del agua con sus branquias

- Se desplazan con ayuda de las aletas y la cola

- La mayoría son de sangre fría

Branquias › Necesitan oxígeno para sobrevivir, que absorben del agua mediante las branquias. El agua fluye constantemente por las membranas de las branquias y pasa al flujo sanguíneo del pez.

Tiburones y rayas

ESCALA

① Tiburón anguila

Raya mosaico

② Cañabota gris

③ pez rata manchado

Raya noruega

Hendiduras branquiales

La aleta caudal mide casi la mitad que el cuerpo

⑤ Tiburón cebra

④ Tiburón fantasma australiano

⑥ Raya látigo común

⑦ Raya jaspeada

Raya común

Raya de arrecife

⑧ Manta gigante

Raya redonda de Haller

Lóbulo que lleva el plancton hacia la boca

Los dientes afilados y las fuertes mandíbulas hacen de los tiburones los cazadores más temidos del mar. Como las rayas y las mantarrayas, tienen un esqueleto de cartílago. El **tiburón anguila** ① y la **cañabota gris** ② viven en aguas profundas, pero otros muchos tiburones están cerca de la superficie, en aguas abiertas o junto a la costa. La mayoría de los tiburones tienen un cuerpo aerodinámico y

filas de dientes afilados, que reemplazan constantemente. Las quimeras, un grupo de peces de cabeza grande, tienen los mismos dientes toda la vida. El **pez rata manchado** ③ y el **tiburón fantasma australiano** ④ usan sus dientes planos para triturar moluscos y cangrejos. Algunos tiburones tienen que nadar constantemente para respirar, pero el **tiburón cebra** ⑤ se pasa el día descansando en el lecho marino y

106

❾ Pez sierra peine

Tiburón nodriza

El hocico detecta las presas enterradas en el lecho marino

❿ Tiburón sierra trompudo

Barbos sensoriales para detectar vibraciones

Aletas delanteras como alas

Su color gris parduzco le ayuda a mimetizarse con el lecho marino

Raya eléctrica jaspeada

Angelote

Pintarroja colilarga manchada

sale a cazar por la noche. Las rayas y las mantarrayas tienen las aletas frontales en forma de alas. Algunas, como la **raya látigo común** ❻, tienen espinas venenosas en la cola. Pisarlas accidentalmente puede ser muy peligroso. A veces basta con que se clave una espina para matar a una persona. Las rayas nadan batiendo las aletas delanteras como si fueran alas. La **raya jaspeada** ❼ se alimenta de animales del lecho marino y la **manta gigante** ❽ recoge plancton mientras «vuela» en el mar. Con sus 9 m de ancho, esta raya colosal pero inofensiva es la más grande del mundo y tiene un cerebro enorme. El **pez sierra peine** ❾ tiene un morro que parece una sierra. Lo usa para escarbar en el fondo en busca de animales y para atacar a otros peces. El **tiburón sierra trompudo** ❿, mucho más pequeño, tiene dos barbos, o antenas, en el morro.

107

⑪ Tiburón mako

⑫ Gran tiburón blanco

Mielga

Dientes grandes de sierra

Tiburón de morro negro

Carocho

Aleta dorsal grande

Musola dentuda

Morro puntiagudo

⑬ Tiburón azul

⑮ Tiburón martillo liso

ESCALA

⑭ Pintada de Cantabria

Aletas pectorales estabilizadoras

Algunos de los tiburones más grandes viven en alta mar. El **tiburón mako** ⑪ es uno de los más rápidos de estos cazadores incansables. Puede alcanzar los 70 km/h y se alimenta básicamente de peces y calamares. El **gran tiburón blanco** ⑫ come focas, delfines y a veces humanos. Este gigantesco y temido depredador, que puede llegar a medir 7 m de largo y a pesar 2 toneladas, suele atacar desde abajo y a veces salta fuera del agua. El elegante **tiburón azul** ⑬ recorre miles de kilómetros todos los años, entre los lugares donde se alimenta y los lugares donde se reproduce. Como la mayoría de los tiburones grandes, da a luz a crías vivas. La **pintada de Cantabria** ⑭ y sus parientes ponen huevos con la cáscara correosa. Se llaman «bolsos de sirena» y pueden tardar un año en eclosionar. El **tiburón martillo**

16 Tiburón de Port Jackson

Cola muy flexible para aturdir presas

17 Suño cornudo

18 Tiburón azotador

Al ser claro en el vientre y oscuro en el lomo no se le ve desde arriba ni desde abajo

Tiburón de siete branquias

Cola con dos lóbulos iguales

19 Tiburón de puntas negras

20 Tiburón de arrecife de punta blanca

21 Tiburón tigre

liso 15 pertenece a una familia de tiburones que presentan la cabeza en forma de T. Tiene un ojo en cada extremo de la cabeza, de modo que puede ver en todas direcciones. El **tiburón de Port Jackson** 16 y el **suño cornudo** 17 viven en el lecho marino. Su boca mira hacia abajo. Tritura moluscos y otros animales de cuerpo duro con sus dientes posteriores planos. El **tiburón azotador** 18, por otra parte, es un depredador de aguas abiertas. Usa su larga cola como un látigo y aturde a otros peces para atraparlos fácilmente. El **tiburón de puntas negras** 19 y el **tiburón de arrecife de punta blanca** 20 no suelen atacar a los humanos, pero el **tiburón tigre** 21 es célebre por comerse a personas con sus afilados dientes y sus poderosas mandíbulas. Puede alcanzar los 7,6 m de largo.

TIBURÓN BALLENA
Es el pez más grande. Tiene una boca que se abre casi todo el ancho de su cuerpo equipada con 300 filas de dientes diminutos. A pesar de su fiero aspecto, solo se alimenta de plancton. Suelen seguirlo bancos de peces más pequeños que lo mantienen limpio comiéndose las bacterias y los residuos de su boca.

Tamaño ❯ 7-12 m. Algunos incluso más. **Peso ❯** Hasta 18,5 toneladas. **Hábitat ❯** Mares tropicales y templados. Migran miles de kilómetros todos los años. **Distribución ❯** Océano Pacífico, Atlántico sur e Índico. **Dieta ❯** Plancton, pececillos y crustáceos. El tiburón ballena se alimenta por filtración: toma agua y la pasa a través de las branquias para filtrar el alimento. **Reproducción ❯** La hembra lleva unos 300 embriones y da a luz a crías vivas. **Longevidad ❯** Se desconoce, pero se cree que hasta unos 150 años. **Depredadores ❯** Los adultos no tienen más enemigos que los humanos. Otros tiburones, peces vela y orcas pueden atacar a las crías. **Estado de conservación ❯** Vulnerable por la caza.

Agua salada

① Pez cofre moteado

Tamboril de manchas blancas

Pez sapo verrugoso

Cuerpo lleno de agua

② Pez globo espinoso

Coge algas con las aletas delanteras

③ Pez ballesta payaso

④ Pez de los Sargazos

Boca grande con dientes romos

⑤ Morena cebra

Anguila de jardín

Ancla la cola en la arena

Los peces de agua salada presentan una gran variedad de formas, tamaños y colores, y los científicos descubren nuevas especies todos los años. Las rayas y los tiburones tienen un esqueleto cartilaginoso, pero la mayoría tienen esqueleto óseo y están cubiertos de escamas. Las escamas del **pez cofre moteado ①** encajan como una armadura, mientras que las del **pez globo espinoso ②**

presentan espinas afiladas. Si se siente amenazado, traga agua y se convierte en una bola llena de pinchos. El **pez ballesta payaso ③** vive en los océanos Índico y Pacífico, y se oculta en los arrecifes de coral si percibe algún peligro. Se alimenta de erizos de mar y otros animales de caparazón duro. El **pez de los Sargazos ④** vive en algas flotantes. Incluso a pleno día, su camuflaje hace casi imposible verlo.

6 Agujones

Pez lagarto jaspeado

Pez gato del coral

Pez piña

Cabrachito

Pez ardilla coronada

Pez golondrina

7 Pez león colorado

Se mimetiza con la roca

Boca curvada hacia arriba

9 Caballito de mar común

8 Pez piedra

Pez escorpión de cabeza plana

Se agarra con la cola a objetos sólidos

Dragón marino común

10 Pez sapo del coral

Aletas muy largas para deslizarse por el lecho marino

Pez trompeta

ESCALA

La **morena cebra** ❺ sale a comer por la noche. Para atrapar a sus presas, cuenta con una segunda mandíbula, que puede desplazar hacia delante. Los **agujones** ❻ viven cerca de la superficie. Los especímenes más grandes han arponeado a personas saltando a los botes. El diseño rayado del **pez león colorado** ❼ advierte a los depredadores de que es venenoso. Se defiende extendiendo sus aletas cubiertas de espinas venenosas. El **pez piedra** ❽ puede dar un pinchazo mortal a los humanos. El **caballito de mar común** ❾ se desplaza con el cuerpo vertical. Como otros caballitos de mar, es uno de los peces más lentos. El macho del **pez sapo del coral** ❿ emite extraños sonidos para atraer a las hembras. Cuando la hembra pone los huevos, el macho los cuida hasta que las crías eclosionan y se alejan nadando.

113

ESCALA

⑪ Pez ángel emperador

⑫ Pez arquero de bandas

Pez ángel real

Pez abuela real

Aleta dorsal en forma de vela

Cardenal de rayas ocres

Corvina negra

Torillo

⑬ Zapata blanca

⑭ Pez cirujano de garganta blanca

Pez halcón narigón

⑮ Pez payaso

Cuerpo delgado para meterse en la madriguera

Salmonete de roca

Barbos para detectar presas enterradas

En la costa y los arrecifes de coral viven más peces que en cualquier otra parte del mar. El **pez ángel emperador** ⑪ y sus parientes son algunos de los moradores del arrecife más coloridos, con vívidos diseños que cambian a medida que maduran. El **pez arquero de bandas** ⑫ vive en estuarios del sudeste asiático. Busca insectos en las ramas que cuelgan y los noquean lanzándoles un chorro de agua.

La **zapata blanca** ⑬ come animales del lecho marino, mientras que el hermoso **pez cirujano de garganta blanca** ⑭ se alimenta básicamente de algas y plantas submarinas. Parece inofensivo, pero si lo atacan se defiende con las dos cuchillas afiladas de su cola. El **pez payaso** ⑮ se esconde entre los tentáculos de las anémonas. A diferencia de otros peces, es inmune a su picadura. El **pargo común**

Bakoko arlequín

El diseño llamativo camufla los ojos

⑯ Pargo común de rayas azules

⑰ Lábrido arlequín

Anchoa

⑱ Pez loro mediterráneo

⑲ Saltarín del fango

Pez cara de zorro

Cinta

⑳ Bonito del norte

de rayas azules ⑯ vive en los arrecifes de coral. Se desplazan en veloces bancos durante el día y por la noche se dispersan para alimentarse. El **lábrido arlequín** ⑰ lanza piedras a sus presas. El **pez loro mediterráneo** ⑱ masca la comida con su boca en forma de pico. Como otros peces loro, empieza su vida siendo hembra y luego se puede transformar en macho. El **saltarín del fango** ⑲ vive en pantanos de manglares, donde trepa a las raíces o salta por el fango. Sus aletas delanteras funcionan como patas rechonchas y puede sobrevivir fuera del agua respirando aire por la piel. El **bonito del norte** ⑳ pertenece a una familia de nadadores veloces de cuerpo musculoso y largas aletas. A diferencia de la mayoría de los peces, es de sangre caliente y pueden surcar las aguas a 80 km/h.

115

㉑ Rocoso de la costa

*Cuerpo de
serpiente*

*Tres aletas
en el lomo*

*Cuerpo resbaladizo
sin escamas*

Borda de roca

㉓ Rodaballo

*La parte superior
se mimetiza con
el fondo*

㉒ Caballa del Atlántico

㉔ Salvariego

Lanzón

Los peces de mar sobreviven en el agua fría porque allí abunda la comida. El **rocoso de la costa** ㉑ busca gambas y cangrejos en pozas rocosas con sus barbos o bigotes sensoriales. La **caballa del Atlántico** ㉒ vive en alta mar. Como el atún, tiene un cuerpo musculoso y aerodinámico para nadar rápido. No puede parar de nadar, ya que necesita la corriente de agua para respirar. El **rodaballo** ㉓ y otros peces planos viven en el lecho marino. De alevines se parecen a los otros peces, pero al crecer un ojo se va desplazando hacia el otro hasta que, de adultos, nadan sobre un lado con los dos ojos mirando hacia arriba. El **salvariego** ㉔ también vive en el fondo, con el cuerpo medio enterrado cerca de la orilla. Este pez venenoso tiene espinas en el lomo, para defenderse de los depredadores. Su pinchazo también es doloroso para

㉕ Salmón rojo

Ojos grandes para ver bien

㉖ Pez de san Pedro

㉗ Bacalao común

Mandíbula extensible para atrapar a las presas

Barbo carnoso en mentón

㉘ Arenque común

Anchoveta

Sábalo

Ambos ojos en el lado derecho

㉙ Platija

㉚ Pez lima

los humanos. El **salmón rojo** ㉕ se pasa su vida adulta en el Pacífico norte pero regresa al agua dulce para reproducirse. En algunos ríos, miles de salmones nadan a contracorriente convirtiéndose en un festín para águilas y osos. El **pez de san Pedro** ㉖ se escabulle bien porque es muy delgado. El **bacalao común** ㉗ y el **arenque común** ㉘ suelen pescarse para comer. El bacalao puede producir 5 millones de huevos en cada puesta, pero su población se ha desplomado a causa de la sobrepesca. Los arenques son uno de los peces que más abundan en el mar. Un solo banco puede contener miles de millones, que atraen a depredadores como focas, ballenas y peces grandes. La **platija** ㉙ y el **pez lima** ㉚ son peces planos muy apreciados como alimento. Suelen esconderse en el lecho marino cubriéndose con arena.

SALEMA DE RAYAS NEGRAS
Este pez tropical se encuentra en las islas Galápagos. Forma enormes bancos de varios cientos o miles. Cuando se acerca un depredador, se aprietan creando lo que se conoce como bola de cebo. Se agrupan, se dividen y cambian de dirección todos a la vez, confundiendo a los depredadores y dificultando su ataque.

Tamaño > Hasta 30 cm de largo. **Hábitat >** Arrecifes y zonas rocosas en aguas poco profundas. De día forman grandes bancos y de noche se dispersan. **Distribución >** Océano Pacífico Oriental, alrededor de las islas Galápagos. **Dieta >** Plancton y larvas de peces. **Reproducción >** La hembra libera huevos, que flotan libremente por el océano. De ellos salen larvas diminutas sin escamas ni aletas, que poco a poco se convierten en alevines. **Depredadores >** Delfines, focas, pingüinos y tiburones. **Estado de conservación >** Vulnerable debido a cambios en su entorno. Recientemente, el fenómeno climático El Niño ha alterado el océano de las Galápagos, aumentando la temperatura del agua, lo que puede afectarles.

Aguas profundas

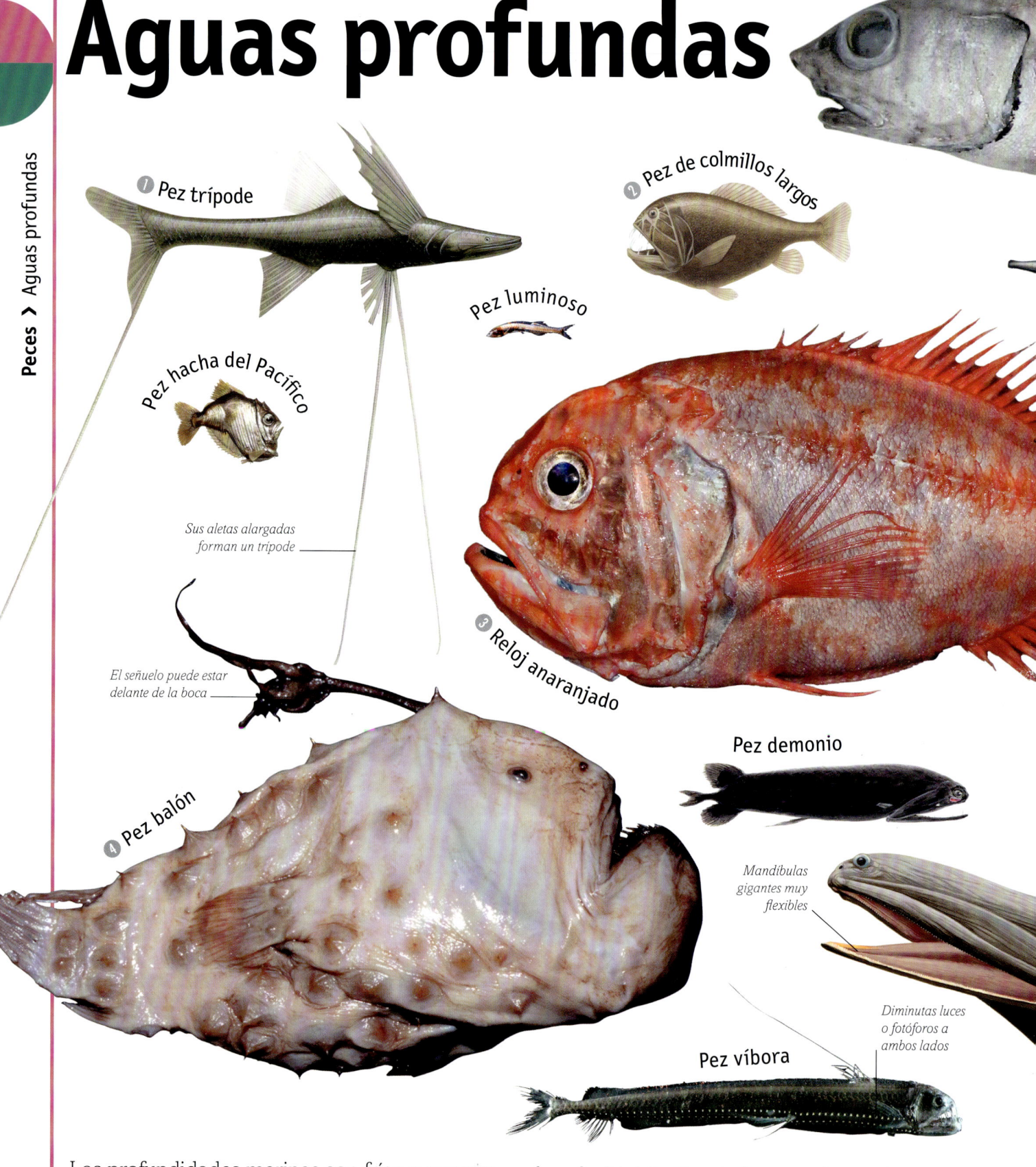

① Pez trípode

② Pez de colmillos largos

Pez luminoso

Pez hacha del Pacífico

Sus aletas alargadas
forman un trípode

③ Reloj anaranjado

El señuelo puede estar
delante de la boca

④ Pez balón

Pez demonio

Mandíbulas
gigantes muy
flexibles

Diminutas luces
o fotóforos a
ambos lados

Pez víbora

Las profundidades marinas son frías y oscuras. Los peces que viven allí han desarrollado estrategias propias para sobrevivir. La comida cuesta de encontrar, así que no desaprovechan ninguna oportunidad. El **pez trípode** ① se posa en el lecho marino, apoyado en sus tres largas aletas. Mira hacia la corriente y captura pequeños animales a la deriva. El **pez de colmillos largos** ② vive hasta a 5000 m de profundidad. Se alimenta de peces más pequeños, que se traga enteros. El **reloj anaranjado** ③ se agrupa en crestas oceánicas y montañas submarinas. Crece muy lentamente y puede llegar a vivir 150 años. El **pez balón** ④ atrae a sus presas con señuelos luminosos que cuelgan delante de su boca. Los peces que se acercan a investigar son succionados al instante. La hembra es grande como un balón de fútbol,

⑤ Granadero del Pacífico

⑥ Engullidor negro

Pez linterna luminoso

Anguila oceánica de cuello estrecho

Pez linterna moteado

Pez linterna espinoso

Aletas finas por encima del cuerpo

Los órganos sensoriales de los costados detectan las vibraciones del agua

⑦ Pez antena

Perlero

Bostezador rosado

Cola larga en forma de látigo

Pez-ballena flácido

Su estómago elástico puede contener presas grandes

⑨ Anguila pelícano

Pez dragón

⑧

ESCALA

Un señuelo brillante atrae a las presas

pero el macho es diminuto y suele adherirse a la hembra como un parásito. El **granadero del Pacífico** ⑤ navega por el fondo ondulando suavemente su larga cola, y el **engullidor negro** ⑥ tiene un estómago muy elástico, así que puede engullir presas más grandes que él. Los **peces antena** ⑦ están cerca del fondo. Sus aletas delanteras son finas y rugosas, y funcionan como antenas para detectar alimento.

El **pez dragón** ⑧ es un depredador feroz. Como muchos peces de aguas profundas, posee unos órganos especiales (fotóforos) que brillan para atraer a sus presas o enviar señales a sus parejas. La **anguila pelícano** ⑨ tiene grandes mandíbulas y dientes diminutos. Usa la boca a modo de cuchara para atrapar a sus presas. Al igual que el engullidor negro, tiene un estómago extensible.

Agua dulce

① Pez rojo

Pez luna verde

Locha payaso

Escamas decorativas
muy grandes

② Carpa koi

③ Bagre de cristal

Pez cabeza de toro

Tenca

④ Bagre rayado

⑤ Lucio de cadena

Palito

Barbos sensoriales
para detectar el
alimento

Hay peces que viven en muchos hábitats de agua dulce, desde lagos y ríos hasta arroyos y charcas. Pueden encontrarse en fuentes termales donde el agua está a 40 °C y en gélidas cuevas a gran profundidad. Los más pequeños no abultan más que un grano de arroz, mientras que los más grandes miden como un coche familiar. Algunos, como el **pez rojo** ① y la **carpa koi** ②, llevan cientos de años criándose en cautividad y los hay de muchas variedades. La carpa koi más rara puede llegar a valer más de 1 millón de dólares. Los peces gato o bagres son muy comunes en agua dulce, especialmente donde el agua es turbia o la corriente lenta. El **bagre de cristal** ③ del sudeste asiático tiene el cuerpo transparente. El **bagre rayado** ④ de Sudamérica tiene largos barbos que sondean el lecho del río en busca de

Distichodus lusosso

Esta especie vive en cuevas y no tiene ojos

Sardinita Mexicana

6 Piraña de vientre rojo

7 Pez espátula americano

Umbra pigmea

8 Pez tigre

Mandíbula prominente con dientes afilados

Pez hacha plateado

Pez lápiz rayado

9 Anguila común

Las grandes aletas posteriores le ayudan a permanecer en un lugar

ESCALA

alimento. El **lucio de cadena** **5** es un cazador que acecha cerca de la superficie y propina un fuerte golpe a la presa con la cola. La **piraña de vientre rojo** **6** de Sudamérica suele comer peces, gusanos y crustáceos, pero si se trata de un grupo grande pueden atacar a mamíferos y arrancarles pedazos de carne con sus dientes como cuchillas. El **pez espátula americano** **7** tiene un aspecto feroz, pero se

alimenta de animales diminutos que filtra mediante las branquias. El **pez tigre** **8** es un fiero depredador que vive en ríos africanos. Son famosos por oponer una gran resistencia cuando pican el anzuelo. La **anguila común** **9** recorre grandes distancias. Desova en el mar de los Sargazos, en el océano Atlántico norte, y sus crías regresan a los ríos de Europa, en un viaje de 6000 km.

Busca alimento
con su alargada
mandíbula inferior

⑩ Pez elefante

Chipokae

Pez cuchillo moteado

Puede tragar aire
con la boca en
agua estancada

⑪ Anguila eléctrica

⑫ Pez de cuatro ojos

Piel resbaladiza
sin escamas

Lota

Boca grande con
mandíbulas fuertes

Pez hoja africano

⑬ Pez luchador de Siam

Pez cebra

⑭ Trucha Ártica

Cola delgada y
redondeada

Muchos peces de agua dulce tienen habilidades especiales para sobrevivir. El **pez elefante** ⑩ de África tropical vive en ríos turbios. Se orienta emitiendo débiles señales eléctricas y busca comida con la alargada mandíbula inferior. La **anguila eléctrica** ⑪ de Sudamérica usa la electricidad para hallar y matar a sus presas. Puede darles una descarga de hasta 650 voltios, suficiente para aturdir a una persona. El **pez de cuatro ojos** ⑫ tiene los ojos divididos en dos, lo que les permite ver por encima y por debajo de la línea de flotación. El **pez luchador de Siam** ⑬ es pequeño pero muy agresivo. Cuando dos machos se enzarzan, a veces luchan a muerte. La **trucha ártica** ⑭ vive en gélidos ríos y fríos lagos. Es uno de los peces de agua dulce que vive más al norte. Es capaz de sobrevivir a solo

⑮ Perca de río

⑯ Tilapia del Nilo

⑰ Pez pulmonado

Cola en forma de pala

⑱ Trucha arcoíris

Aletas frontales como filamentos

⑲ Catán narigudo

800 km del polo norte. La **perca de río** ⑮ es un depredador muy paciente. Pone los huevos en largos filamentos y los ata a plantas submarinas. La **tilapia del Nilo** ⑯ se reproduce de un modo muy distinto. La hembra se mete los huevos en la boca, unos 2000 a la vez, hasta que eclosionan y las crías se alejan nadando. El **pez pulmonado** ⑰ vive en lagos y pantanos que pueden secarse durante meses. Cuando esto

ocurre se encierran en unos capullos de barro y sobreviven respirando aire. La **trucha arcoíris** ⑱ es originaria de América del Norte, pero ha sido introducida en lagos y ríos de otras partes del mundo tanto para la pesca como en piscifactorías para alimento. Otro pez de América del Norte, el **catán narigudo** ⑲, sale de su escondite y mata a otros peces con sus dientes como agujas.

Anfibios

Los anfibios pasan la mayor parte de su vida en el agua, pero también parte en tierra firme. Algunos experimentan una metamorfosis, igual que muchos invertebrados. Empiezan siendo renacuajos con branquias que viven en el agua y luego se transforman en adultos que respiran aire. Necesitan agua dulce para sobrevivir y muchas especies están peligro de extinción a causa de la contaminación, las enfermedades y la destrucción de sus hábitats.

Sapito minero

Piel ❯ Su piel es permeable, así que el agua puede salir hacia fuera y evaporarse. Para evitar que su cuerpo se seque viven la mayor parte del tiempo en el agua o en zonas húmedas.

Glándulas del veneno › Muchas especies segregan un mucus tóxico mediante las glándulas de la piel, para conservar la humedad y ahuyentar a los depredadores. Algunos anfibios saben mal y otros, como este sapito minero, pueden ser letales.

Características

- Suelen reproducirse mediante huevos

- Tienen la piel húmeda y pueden morir si se secan

- Suelen pasar la mayor parte de su vida en el agua

- Algunos nacen renacuajos y se transforman al llegar a la edad adulta

- Son animales de sangre fría

Patas › Algunos solo tienen patas cuando son adultos. Salen del huevo siendo unos renacuajos, es decir, como criaturas diminutas con cola. A medida que maduran, les crecen las patas y la cola se encoge y desaparece.

Ranas y sapos

La lengua se despliega para atrapar a la presa

Una larva es un sabroso bocado

① Rana lémur

② Rana gigante del lago Titicaca

③ Rana arborícola verde de Australia

La piel suelta absorbe el agua para poder usarla en clima seco

Rana arborícola de flecos

Ventosas en todos los dedos

④ Rana lechera amazónica

Rana lémur de flancos rojos

Rana arborícola de Yucatán

⑤ Rana patito

ESCALA

⑥ Rana cornuda de las Salomón

Las ranas y sapos son muy distintos de otros anfibios, con su cuerpo rechoncho y sus largas patas traseras. Las ranas suelen ser lisas y resbaladizas y los sapos tienen la piel seca y verrugosa. Casi todos empiezan como renacuajos y van cambiando al crecer. La **rana lémur** ① de América Central caza insectos de noche y se esconde bajo las hojas de día. Como otras ranas arborícolas, es buena trepadora.

La **rana gigante del lago Titicaca** ② vive en los bosques sudamericanos y se aferra a los troncos y ramas de los árboles. La **rana arborícola verde de Australia** ③ trepa a veces hasta las casas, donde se instala en depósitos de agua y fregaderos. La **rana lechera amazónica** ④ pone sus huevos en agujeros de los árboles llenos de lluvia. Vive en las copas de los árboles y apenas baja al suelo. La **rana patito** ⑤

Sapo común europeo 7

Mantella dorada 8

Rana elegante de Madagascar

Sapo arborícola malayo 9

Sapo de caña 10

Sapo de las Guyanas

Sapo chillón

Sapo corredor

La forma de sus pupilas le permite ver presas pequeñas en movimiento.

Las verrugas del macho desarrollan espinas oscuras y afiladas en la época de cría

sudamericana vive en lagos y estanques. Debe su nombre a sus renacuajos monstruosos, que miden hasta cuatro veces la longitud del adulto. La **rana cornuda de las islas Salomón** 6 tiene un hocico puntiagudo y una especie de cuerno sobre los ojos, que le ayudan a camuflarse entre las hojas caídas. El **sapo común europeo** 7 caza todo tipo de animales pequeños, incluidos escarabajos, caracoles y babosas. La particular

mantella dorada 8 de Madagascar es de vivos colores, lo que advierte a sus depredadores de que tiene la piel cubierta de veneno. El **sapo arborícola malayo** 9 es uno de los pocos sapos que viven en el suelo. El enorme **sapo de caña** 10 engulle ratones y serpientes. Originario de América Central, se trata de un depredador voraz y se ha convertido en una plaga importante en Australia y otras partes del mundo.

㉒ Sapo excavador mexicano

Rana trinadora de labios manchados

Sapillo vientre de fuego oriental

Huevos alrededor de las patas traseras del macho

Sapillo pintojo mediterráneo

ESCALA

㉓ Rana marsupial cornuda

㉕ Rana de cristal de san José

㉔ Sapo partero

Boca ancha como la cabeza

㉖ Escuerzo común

Sapito bocón amazónico

Rana encrespada Mascarene

El aspecto de las ranas y los sapos varía mucho, y también su estilo de vida. Si se siente amenazado, el **sapo excavador mexicano** ㉒ se hincha hasta parecer un globo. Vive bajo el suelo, se alimenta de hormigas y solo sale para reproducirse. La **rana marsupial cornuda** ㉓ tiene una forma curiosa de reproducirse. La hembra transporta los huevos en una bolsa en la espalda. En vez de producir renacuajos, del huevo salen directamente ranitas. El **sapo partero** ㉔ debe su nombre a que el macho transporta los huevos de la hembra. Cuando están a punto de eclosionar, los lleva al agua. La **rana de cristal de san José** ㉕ vive en los árboles. Su diminuto corazón puede verse a través de su piel transparente. El **escuerzo común** ㉖ es un paciente cazador que vive en los pastizales de Argentina. Camuflado gracias a su diseño verde

Rana arborícola gris

Rana de Darwin

Los pies palmeados funcionan como paracaídas

Rana Archey

27 Rana de lluvia del desierto

Rana musgo

Taruga longinasus

28 Rana voladora de Wallace

Rana arborícola africana

Rana arborícola verde del Congo

Coquí común

Rana rayada de pantano

29 Xenopus fraseri

Rana Cutín

31 Sapo de espuelas pardo

30 Rana toro africana

y pardo, permanece al acecho en el suelo lodoso y atrapa cualquier cosa comestible que pase cerca. La **rana de lluvia del desierto** 27 vive y se reproduce entre las dunas de arena de Namibia y se esconde bajo la superficie durante el día. La **rana voladora de Wallace** 28 planea por los bosques del sudeste asiático gracias a sus pies palmeados. El *Xenopus fraseri* 29 de África permanece en el agua toda su vida.

Tiene el cuerpo plano, dedos sensoriales y unos ojos que miran hacia arriba. La **rana toro africana** 30 vive en sabanas y pastizales. Grande y agresiva, a veces se come a los de su propia especie. Se pasa la estación seca bajo tierra. El macho protege enérgicamente los huevos hasta que eclosionan. El **sapo de espuelas pardo** 31 cava madrigueras con las patas traseras y pasa la mitad del año oculto.

RANAS ARBORÍCOLAS

Se conocen más de 900 especies de este tipo de ranas. La mayoría de ellas viven en los árboles de los bosques tropicales. Estas ranas verdes de ojos rojos son fáciles de reconocer gracias a su coloración. Intimidan a los depredadores con sus ojos y les quitan las ganas de atacarlas. De día mantienen los ojos cerrados y se camuflan entre las hojas verdes.

Tamaño > Hasta 7 cm **Hábitat >** Árboles y arbustos cerca del agua en bosques y selvas tropicales. **Distribución >** América Central. **Dieta >** Insectos como grillos, moscas y polillas, y gusanos y arañas. **Reproducción >** Las hembras ponen un lote de 50 huevos en una hoja sobre el agua. Este proceso se repite varias veces. Los huevos eclosionan pasados unos cinco días y los renacuajos caen al agua. **Longevidad >** Hasta cinco años. **Depredadores >** Aves trepadoras y voladoras, reptiles y mamíferos, incluidos monos y serpientes. Los peces pueden cazar los renacuajos. **Estado de conservación >** La población de algunas especies está disminuyendo allí donde se talan sus hábitats.

Salamandras y tritones

ESCALA

① Salamandra común

Tritón de Luristán

② Salamandra tigre

③ Tritón cocodrilo

Tritón de puntos negros

Los sensores de la piel detectan las presas por las vibraciones

④ Salamandra gigante japonesa

Las manchas azules atraen al sexo opuesto

Salamandra oriental de Dunn

Patas extendidas

Con su cuerpo estilizado y su larga cola, las salamandras y los tritones no se parecen en nada a los sapos y las ranas. Muchos se camuflan fácilmente, pero otros, como la **salamandra común** ① y la **salamandra tigre** ②, son de vivos colores, para que el resto de los animales sepan que son venenosas. Algunas especies se pasan toda la vida en tierra, pero la mayoría regresan al agua para aparearse y poner huevos. El tritón **cocodrilo** ③ se mete en las charcas cuando empieza el monzón, y la **salamandra gigante japonesa** ④ no abandona nunca el agua. Este enorme anfibio de piel rugosa mide 1,5 m de largo, se alimenta de peces e insectos de agua dulce y caza de noche. Las crías de salamandra y tritón respiran a través de branquias plumosas. Algunas especies de salamandra, como el **ajolote** ⑤ y el

⑤ Ajolote

Branquias plumosas

Salamandra de arroyo de Cerdeña

Salamandra de tres líneas

⑥ Proteo

Salamandra cavernícola italiana

⑦ **Tritón crestado gigante**

⑧ Tritón de California

Gallipato

Para defenderse, proyecta los huesos por los lados

Salamandra gigante de California

Tritón alpino

Salamandra de anteojos

⑨ Salamandra Ensatina

⑩ **Amphiuma de tres dedos**

Salamandra de cuatro dedos

proteo ⑥, tienen branquias toda su vida. Si el ajolote pierde una parte del cuerpo, la regenera en pocos meses. El proteo vive en cuevas inundadas. Muy delgado y completamente ciego, encuentra la comida con el olfato y el tacto. El **tritón crestado gigante** ⑦ se reproduce en charcas. En primavera, al macho le crece la impresionante cresta que usa para atraer a las hembras. En tierra, las salamandras y los tritones viven en zonas boscosas húmedas y lugares rocosos, y cazan sobre todo de noche. En verano, muchas especies, como el **tritón de California** ⑧ y la **salamandra Ensatina** ⑨, se ocultan bajo troncos en descomposición para mantener la humedad. El **amphiuma de tres dedos** ⑩ se hunde en el lodo en un capullo impermeable. Este anfibio viscoso parecido a una serpiente tiene patas diminutas pero una fuerte mordida.

137

Reptiles

Hace millones de años, los reptiles dominaron la Tierra en forma de dinosaurios. Los reptiles modernos son más pequeños, aunque siguen incluyendo depredadores temibles como el dragón de Komodo, las serpientes gigantes y los feroces cocodrilos, que atacan y matan a seres humanos. Pero también incluyen apacibles vegetarianos, como las tortugas gigantes y la tortuga verde.

Sangre fría › A diferencia de aves y mamíferos, no pueden mantener el cuerpo caliente quemando materia orgánica. Dependen de fuentes de calor del entorno.

Piel escamosa ❯ Además de piel, tienen una capa exterior protectora. Los lagartos y las serpientes tienen escamas. Las tortugas, los cocodrilos y los caimanes, placas óseas.

Camaleón pantera

Características

- La mayoría se reproducen mediante huevos

- Tienen la piel seca y escamosa

- La mayoría son carnívoros

- La mayoría vive en climas cálidos

- Son de sangre fría

Pulmones ❯ Tienen pulmones y deben respirar aire para sobrevivir. Incluso las tortugas marinas salen a la superficie a respirar.

Patas ❯ La mayoría tienen cuatro patas. Algunos, como las serpientes, no tienen patas y se desplazan arrastrando el cuerpo.

Tortugas acuáticas y terrestres

① Tortuga de caja china

Tortuga de Blanding

Tortuga caja rayada

② Tortuga de vientre rojo americana

Tortuga carey

Puede cortar los peces en dos

Galápago de Florida

④ Tortuga laúd

③ Tortuga de caja del este

Caparazón gomoso

Tortuga espalda de diamante

⑤ Tortuga serpentina

Fuerte mordida con su boca ganchuda

140

Con su caparazón combado y su boca picuda, las tortugas son fáciles de reconocer. La **tortuga de caja china** ① tiene una bisagra en la parte inferior del caparazón. Si se siente amenazada, esconde la cabeza y las patas, y se encierra. A la **tortuga de vientre rojo americana** ② le gusta tomar el sol cerca de la orilla, mientras que la **tortuga de caja del este** ③ huye del calor refugiándose en lugares resguardados o enterrándose en el lodo. Hay tortugas de todos los tamaños. Las más pequeñas son como una pelota de béisbol, pero la **tortuga laúd** ④ pesa como un coche pequeño. Es una de las mayores viajeras del mundo animal, ya que recorre vastas distancias con sus grandes aletas. Las tortugas marinas viven sobre todo en océanos tropicales, pero las de agua dulce viven en ríos y lagos. La **tortuga**

Tortuga cabezona

6 Tortuga china de caparazón blando

1 Tortuga pintada

Galápago europeo

Tortuga matamata

Falsa tortuga mapa

Tortuga de cuello de serpiente

Tortuga dentada

8 Tortuga caimán

Tortuga de pantano común

Tortuga almizclada

Tortuga apestosa

9 Tortuga boba

Extremidad en forma de remo

Tortuga de orejas amarillas

ESCALA

serpentina 5, de Norteamérica, es una de las más grandes de agua dulce. Se oculta en el fondo lodoso de ríos y lagos. La **tortuga china de caparazón blando** 6 tiene la nariz como un tubo de buceo y pasa la mayor parte del tiempo en el agua. Las tortugas se reproducen mediante huevos. Las de agua dulce, como la **tortuga pintada** 7, los ponen en agujeros junto al borde del agua. La hembra de la **tortuga**

caimán 8 sale del agua en primavera para poner los huevos, mientras que el macho pasa la mayor parte del tiempo en el fondo de ríos o lagos. Las tortugas marinas, como la **tortuga boba** 9, excavan sus nidos en las playas de arena. Cuando eclosionan, las crías salen a la superficie y se dirigen hacia el mar. Es un momento muy peligroso y muchas son capturadas por depredadores antes de llegar al agua.

ESCALA

⑪ **Tortuga mediterránea**

La forma de silla de montar le permite elevar la cabeza

Mandíbula afilada

⑩ Tortuga terrestre de patas rojas

⑫ Tortuga gigante de Aldabra

⑬ **Tortuga de las rocas**

Las escamas del caparazón presentan anillos de crecimiento

Tortuga angulada

Las tortugas terrestres son parientes cercanas de las acuáticas, pero tienen las patas más fuertes y pasan toda su vida en tierra firme. Se reproducen mediante huevos. La mayoría son herbívoras, pero algunas, como la **tortuga terrestre de patas rojas** ⑩, también comen animales pequeños. La longitud y la longevidad de las tortugas terrestres es proverbial. La **tortuga mediterránea** ⑪ vive hasta 50 años

y la **tortuga gigante de Aldabra** ⑫ de las islas coralinas del océano Índico, más de dos siglos. Hace unos años murió una en cautividad con 255 años. La mayoría de las tortugas terrestres tienen un caparazón alto, que a los depredadores les cuesta romper. La **tortuga de las rocas** ⑬ es casi plana, lo que le permite esconderse entre las grietas para evitar a los depredadores. Pone un solo huevo cada vez, aunque

⑭ Tortuga de las Galápagos

⑮ Tortuga radiada

Caparazón con líneas verticales

Tortuga elongada

⑯ Tortuga estrellada de la India

Caparazón con bultos

Tortuga erosionada

Galápago de bosque

⑰ Tortuga mora

Tortuga leopardo

⑱ Tortuga del desierto

suele reproducirse varias veces al año. La **tortuga de las Galápagos** ⑭ vive en las islas del océano Pacífico. Es tan grande como la tortuga gigante de Aldabra y su caparazón suele tener forma de silla de montar, lo que le permite alargar el cuello para mordisquear cactus espinosos, su principal alimento. La **tortuga radiada** ⑮, de Madagascar, tiene el caparazón cubierto de bultos, pero el caparazón más abultado es el de la **tortuga estrellada de la India** ⑯, cuyos dibujos en forma de estrella le ayudan a camuflarse en la hierba seca. La **tortuga mora** ⑰ de Europa y el norte de África presenta proyecciones óseas en las patas traseras. Pone hasta 20 huevos a la vez. La **tortuga del desierto** ⑱, que vive en madrigueras en los desiertos de Norteamérica, solo pone cuatro huevos.

143

Lagartos

ESCALA

⑦ Eslizón verde esmeralda

Dedos delgados para trepar a los árboles

Anolis verde

Lagarto ceñido del Cabo

Escamas brillantes que parecen cuentas

❷ Monstruo de Gila

Lagarto cornudo del desierto

❸ Varano acuático

❹ Gecko diurno de Madagascar

Dedos con garras afiladas para trepar

Hay más de 4000 especies de lagartos en el mundo, más que del resto de los reptiles juntos. La mayoría cazan pequeños animales y ponen huevos, aunque algunos dan a luz a crías vivas. El **eslizón verde esmeralda** ❶ se alimenta de insectos y pasa la mayor parte del tiempo en el tronco de los árboles. El corpulento **monstruo de Gila** ❷ vive en los desiertos de Norteamérica. Es uno de los pocos lagartos de mordedura venenosa. Por suerte es muy lento, así que no suele atacar a las personas. El fiero **varano acuático** ❸ mide 2 m de largo. Es buen nadador y caza todo tipo de animales, desde peces y ranas hasta cangrejos. El **gecko diurno de Madagascar** ❹ se encuentra básicamente en los árboles y pertenece a una familia de lagartos famosos por sus dedos de los pies pegajosos.

5 Lagarto con volantes

El volante se abre como una sombrilla

6 Pez de arena

Cola larga y aplanada que usa para nadar

Fuertes patas traseras diseñadas para correr

7 Basilisco verde

Anolis caballero

Lagartija colilarga

Cresta con pinchos

8 Iguana marina

Lagarto plateado de Sudán

Lagartija de turbera

Gecko maravilla común

Como otros geckos, puede agarrarse a prácticamente cualquier superficie e incluso puede cazar boca abajo. Cuando se ven amenazados, muchos lagartos se desprenden de la cola para distraer a sus enemigos y salir huyendo. El **lagarto con volantes 5**, si percibe alguna amenaza, se coloca erguido y abre el volante, para parecer más temible de lo que es. El **pez de arena 6**, cuando está en peligro,

desaparece en la arena del desierto «nadando» por ella. El **basilisco verde 7** de América Central tiene la técnica de escape más impresionante. Se yergue sobre las patas traseras y se desplaza corriendo sobre el agua de lagos y arroyos. La **iguana marina 8**, de las islas Galápagos, es el único lagarto que se alimenta en el mar. Con su mandíbula roma arranca algas de las rocas submarinas.

145

⑨ Gecko leopardo

⑩ Lución

Escinco gigante de Salomón

⑪ Lagarto común de pies escamosos

Escinco naranja de Schneider

Salamanquesa rosada

⑫ Iguana verde

Lagartija italiana

Salamanquesa común

⑬ Camaleón de Parson

Puede enrollar la cola alrededor de las ramas

Lagartija arenera del Colorado

ESCALA

Lagartija dedos fleco

Los geckos abundan en las regiones cálidas, donde no faltan insectos para alimentarse. El **gecko leopardo** ⑨, una de las mascotas más populares y fáciles de cuidar, procede del sur de Asia. Tiene un reclamo muy potente para un animal que mide solo 20 cm de largo. El **lución** ⑩, de Europa, no tiene patas, mientras que el **lagarto común de pies escamosos** ⑪, de Australia, parece una serpiente con pies de escama, Ambos cazan insectos y arañas por el suelo. La **iguana verde** ⑫ es un reptil mucho más grande con una cresta cubierta de pinchos. Aunque parece peligrosa, se alimenta básicamente de plantas y suele trepar a los árboles. Los camaleones son mejores trepadores y casi nunca bajan al suelo. El **camaleón de Parson** ⑬, de Madagascar, es el camaleón más grande.

Gecko yucateco de bandas

⑭ Gecko tokay

Lagartija nocturna de puntos amarillos

Dragón neón

⑮ Gecko africano de cola gorda

Usa la grasa corporal de la cola como reserva de alimento

⑯ Camaleón de Jackson

⑰ Teju colorado

Repta por las ramas con pies y cola, y captura insectos disparando su lengua increíblemente larga y pegajosa. Como otros camaleones, gira los ojos en todas direcciones y puede cambiar de color para mimetizarse con el entorno o mostrar su estado de ánimo. El **gecko tokay** ⑭ debe su nombre a su reclamo chillón, que suena «to-kay». Este gecko enorme del sudeste asiático suele vivir en las casas y cazar en ellas.

El **gecko africano de cola gorda** ⑮ vive en desiertos. A diferencia de otros geckos, no tiene los dedos del pie pegajosos y no suele trepar. El **camaleón de Jackson** ⑯ vive en África Oriental. Los machos presentan tres cuernos en el morro. El **teju colorado** ⑰ es uno de los lagartos más grandes de Sudamérica. Este depredador y carroñero a veces roba pollos de las granjas.

147

DRAGÓN DE KOMODO
Parece una criatura salida de una película de terror y se desplaza por el suelo en busca de carroña y presas vivas. Es el lagarto más grande y su mordedura es venenosa. Puede oler la comida a más de 5 km de distancia sacando la lengua bífida. Se traga presas enteras y derriba animales más grandes con un golpe de cola para luego matarlos con un mordisco en la garganta.

Tamaño ❯ Hasta 3 m de largo. **Peso** ❯ Machos hasta 90 kg; hembras la mitad. **Hábitat** ❯ Bosques tropicales y pastizales. Los adultos viven en el suelo, pero las crías son más ágiles y viven en los árboles para mantenerse a salvo. **Distribución** ❯ Islas indonesias de Komodo, Rinca, Padar y zona occidental de Flores. **Dieta** ❯ Todo tipo de carroña y presas vivas, como jabalíes, búfalos de agua, serpientes y lagartos. **Longevidad** ❯ Unos 30 años. **Velocidad máxima** ❯ 20 km/h, pero solo en distancias cortas. **Depredadores** ❯ Los adultos no tienen. Las crías pueden ser engullidas por serpientes, aves rapaces u otros dragones. **Estado de conservación** ❯ Amenazados por la caza y la deforestación.

Serpientes

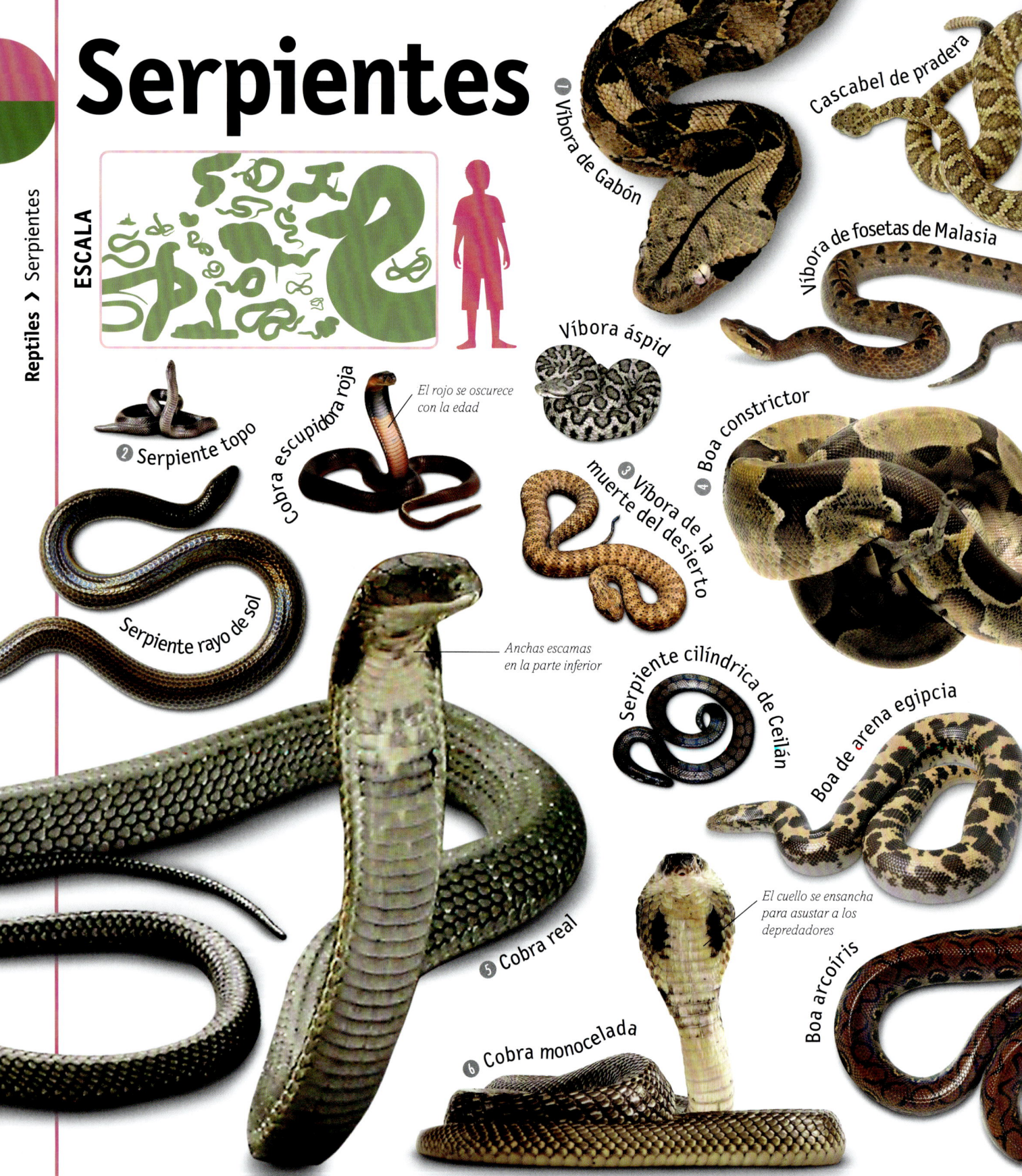

ESCALA

Víbora de Gabón ❶

Cascabel de pradera

Víbora de fosetas de Malasia

Víbora áspid

Boa constrictor

Víbora de la muerte del desierto ❸

❹ Boa constrictor

❷ Serpiente topo

Cobra escupidora roja

El rojo se oscurece con la edad

Serpiente rayo de sol

Anchas escamas en la parte inferior

Serpiente cilíndrica de Ceilán

Boa de arena egipcia

❺ Cobra real

El cuello se ensancha para asustar a los depredadores

Boa arcoíris

❻ Cobra monocelada

Con su estilizado cuerpo y sus colmillos afilados, las serpientes suelen dar miedo. La mayoría son inofensivas para los humanos, pero las venenosas matan a más de 20 000 personas al año. Las serpientes no tienen patas y casi todas comen presas vivas. Gracias a su mandíbula y su estómago, muy flexibles, pueden tragarse animales más grandes que ellas. La **víbora de Gabón** ❶ espera a su presa y le clava sus colmillos de 5 cm. De un solo mordisco inyecta veneno suficiente para matar a un mandril o un antílope. La **serpiente topo** ❷ atrapa animalillos bajo el suelo, y la muy venenosa **víbora de la muerte del desierto** ❸, de Australia, atrae a las presas con la punta de la cola, que parece un gusano. La **boa constrictor** ❹ de Centroamérica no es venenosa y mata con la musculatura. Como otras constrictoras, se

150

① Cascabel diamantina del oeste

«Cascabel» de piel seca

Víbora cornuda del desierto

Su color polvoriento le permite camuflarse

⑧ Anaconda común

⑩ Krait de mar de labios amarillos

Serpiente de coral centroamericana

⑨ Serpiente ciega europea

Boa rosada

enrosca alrededor de la presa y aprieta hasta asfixiarla. Las boas se alimentan de mamíferos y aves, pero la **cobra real** ⑤ de Asia se come a otras serpientes. Con 5 m de largo, es la serpiente venenosa más grande. La **cobra monocelada** ⑥ expande el cuello como un «capuchón» si está amenazada, mientras que la **cascabel diamantina del oeste** ⑦ emite un sonido de cascabel con la cola para ahuyentar a los enemigos.

La imponente **anaconda común** ⑧ es una de las serpientes más largas y pesadas, con más de 100 kg. En el extremo opuesto está la **serpiente ciega europea** ⑨, que suele medir menos de 30 cm. Se alimenta de hormigas, arañas y ciempiés. La mayoría de las serpientes son buenas nadadoras. El **krait de mar de labios amarillos** ⑩ se pasa la vida en los mares tropicales y solo sale a tierra para reproducirse.

⑪ Pitón de sangre

Culebra narigona

⑬ Voladora bandeada

⑫ Pitón arborícola verde

⑭ Pitón de Birmania

serpiente látigo de los Balcanes

Sensores térmicos
para detectar presas

Culebra lisa europea

⑮ Falsa coralillo real de California

Algunas serpientes dan a luz crías vivas, pero la mayoría se reproducen mediante huevos. La hembra de la **pitón de sangre** ⑪ del sudeste asiático se enrosca alrededor de los huevos para mantenerlos calientes. La madre se queda con los huevos durante tres meses y no come hasta que las crías eclosionan. La **pitón arborícola verde** ⑫ de Australasia es una magnífica trepadora, pero la **voladora bandeada** ⑬ es incluso mejor moviéndose por los árboles. Salta de un árbol a otro, desplazándose hasta 100 m extendiendo el cuerpo. La **pitón de Birmania** ⑭ es una de las serpientes más largas, ya que mide 7 m de la cabeza a la cola. Como todas las pitones y las serpientes de cascabel, tiene sensores térmicos en la cabeza, que le permiten «ver» las presas de sangre caliente incluso cuando

Pitón manchada

*Morro puntiagudo
para cavar*

16 Serpiente de
pino oriental

17 Culebra de collar

*Collarín amarillo
característico*

Gigante de Madagascar hocico de cerdo

Serpiente arbórea marrón

Culebra real de Ruthven

18 Ñacaniná

*Ancha franja negra
detrás de los ojos*

Serpiente rata arbórea

19 Culebra rayada

*Al trepar usa la cola
a modo de anclaje*

ESCALA

la oscuridad es total. La **falsa coralillo real de California 15**
parece venenosa por su diseño de vivos colores, pero no lo es.
Es su forma de defenderse. La **serpiente de pino oriental 16**
de Norteamérica lanza un líquido fétido cuando se siente
amenazada y la **culebra de collar 17** se pone boca abajo
con la lengua colgando y se hace la muerta. La **ñacaniná 18**
tiene una mordedura peligrosa y ahuyenta a los enemigos

como la cobra, ensanchando el cuello. En las regiones con
inviernos fríos, las serpientes se refugian e hibernan. La
mayoría se esconden individualmente, pero en el caso de
las **culebras de agua 19** se juntan cientos de ellas y se
ocultan en guaridas subterráneas. Salen a la superficie en
primavera y se retuercen en grandes montones intentando
aparearse.

153

VÍBORA ARBÓREA AFRICANA
Es pequeña pero letal y caza básicamente de noche. Come animales pequeños, pero su veneno puede causar graves enfermedades, o incluso la muerte, a las personas. Aun así, la gente la tiene como mascota. Presenta una gran variedad de colores, entre ellos verde, amarillo, rojo y naranja, y puede cambiar de color a medida que crece.

Tamaño › Machos, 65 cm de largo de media; hembras, 71 cm de media. **Hábitat ›** Arbustos y matorrales de bosques tropicales y otras zonas con densa vegetación. **Distribución ›** África Central y Occidental. **Dieta ›** Pequeños mamíferos nocturnos como roedores y musarañas, pajarillos, ranas y reptiles. **Reproducción ›** Se aparean en la estación lluviosa.

Las hembras dan a luz hasta nueve crías vivas y las abandonan de inmediato. Las crías son venenosas y pueden cazar desde que nacen. **Longevidad ›** 10-20 años en libertad. En cautividad pueden vivir más. **Depredadores ›** Los adultos tienen muy pocos o ninguno. Pueden comerse las crías de su propia especie.

Cocodrilos y caimanes

ESCALA

Cocodrilo cubano

Patas fuertes para correr distancias cortas

1 Cocodrilo enano africano

2 Cocodrilo del Nilo

Cocodrilo siamés

3 Cocodrilo de agua salada

Orificios nasales en la punta del hocico

4 Cocodrilo americano

Piel protegida por placas óseas

Cocodrilo australiano de agua dulce

Ocultos en ríos, lagos y orillas resguardadas, los cocodrilos y los caimanes recurren al sigilo y la potencia muscular para emboscar y matar a sus presas. Incluso los más pequeños, como el **cocodrilo enano africano** 1, tienen escamas a modo de coraza, mientras que los más grandes pueden destruir barcas con sus enormes mandíbulas. Los cocodrilos se tragan los animales pequeños enteros y trocean los más grandes tras arrastrarlos bajo el agua y ahogarlos. El **cocodrilo del Nilo** 2 suele esperar cerca de la orilla en ríos y charcas, donde ataca a los animales que se acercan a beber. Las hembras vigilan los huevos y llevan a las crías hasta el agua en cuanto eclosionan. El **cocodrilo de agua salada** 3, que se encuentra en Australia y el sudeste asiático, es el reptil más grande del mundo. Mide hasta 7 m

5 Aligátor americano

6 Aligátor chino

Caimán de Cuvier

7 Yacaré ñato

Dientes afilados para trocear las presas

Cocodrilo del Orinoco

8 Caimán de anteojos

9 Gavial

Caimán postruso

Ojos en la parte superior de la cabeza para ver a las presas desde debajo del agua

Yacaré negro

Cocodrilo de las marismas

Caimán negro

de largo y es conocido por comer humanos, a los que suele atacar de noche. El **cocodrilo americano** 4 se alimenta básicamente de peces, y el **aligátor americano** 5 come todo tipo de animales, desde ranas a ciervos. Como el curioso **aligátor chino** 6, puede distinguirse de los cocodrilos por la forma de su cabeza y por cómo encajan sus dientes cuando cierra la boca. Los caimanes son parientes de los aligátores de América Central y del Sur. El **yacaré ñato** 7 vive en pantanos y marismas, mientras que el **caimán de anteojos** 8 vive en la costa, así como en ríos y lagos de interior. El **gavial** 9, en peligro crítico de extinción, es una especie única de la India, con una mandíbula muy estrecha y docenas de dientes afilados. Vive en ríos profundos y localiza a sus presas por el tacto.

Pico ❯ El pico de este loro está diseñado para abrir semillas, pero otras aves lo usan como taladro, sierra o colador.

Guacamayo azul y amarillo

Aves

Las aves, dueñas del cielo, vuelan más alto, más lejos y más rápido que cualquier otra criatura. Sus extremidades delanteras se han transformado en alas y su cuerpo está cubierto de plumas, que las protegen del frío y las hacen más aerodinámicas. Sus huesos están parcialmente huecos, para ser ligeros pero fuertes, y están diseñados para volar.

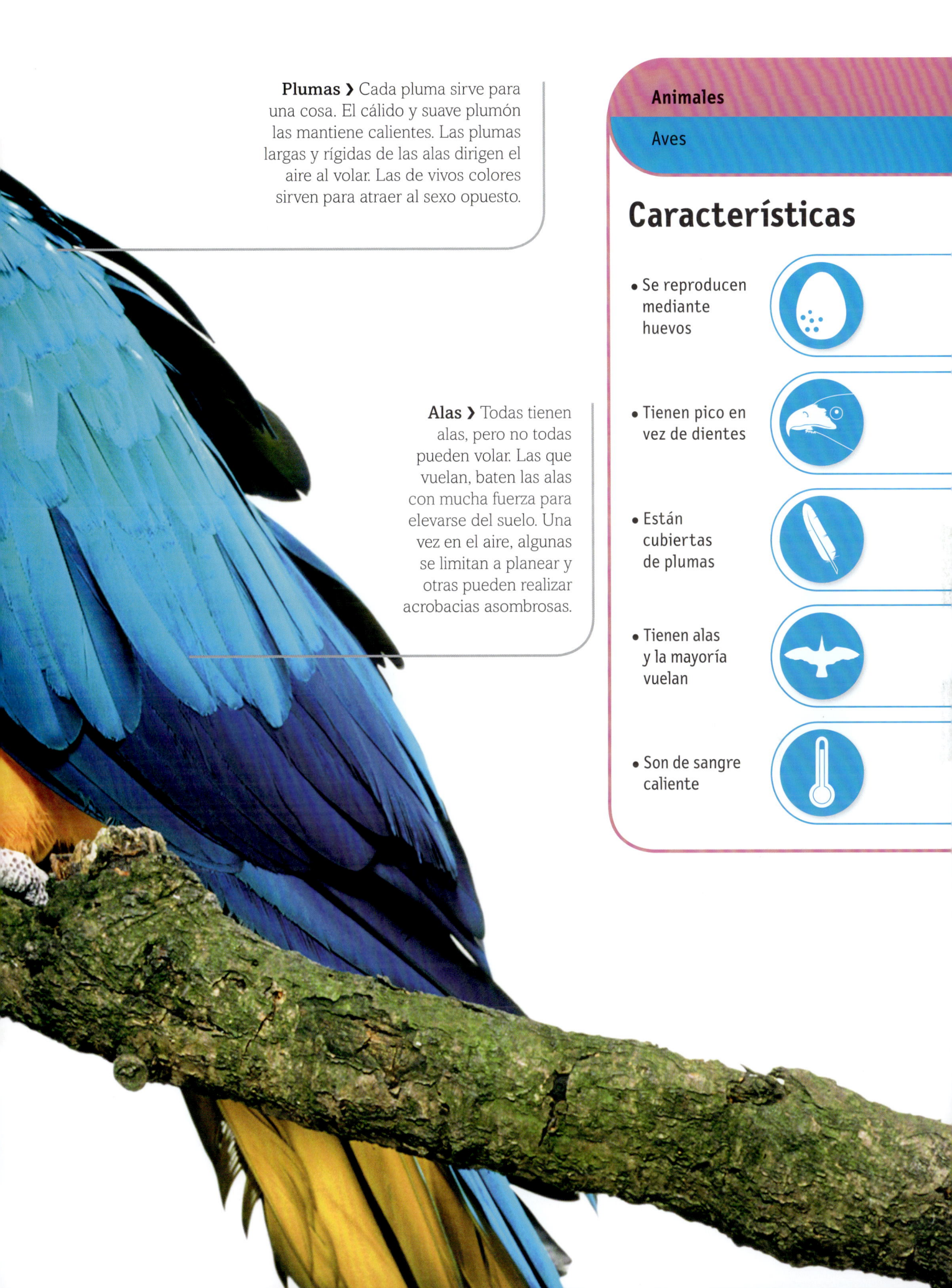

Plumas > Cada pluma sirve para una cosa. El cálido y suave plumón las mantiene calientes. Las plumas largas y rígidas de las alas dirigen el aire al volar. Las de vivos colores sirven para atraer al sexo opuesto.

Alas > Todas tienen alas, pero no todas pueden volar. Las que vuelan, baten las alas con mucha fuerza para elevarse del suelo. Una vez en el aire, algunas se limitan a planear y otras pueden realizar acrobacias asombrosas.

Características

- Se reproducen mediante huevos

- Tienen pico en vez de dientes

- Están cubiertas de plumas

- Tienen alas y la mayoría vuelan

- Son de sangre caliente

Avestruces y familia

② Emú

Kiwi común

Los machos tienen
el cuello rosado

Pico largo para
buscar gusanos

La cresta recuerda
un yelmo

① Avestruz

Usa las alas para mantener
el equilibrio al correr

Kiwi moteado mayor

Kiwi marrón de la isla Norte

③ Casuario de Salavati

Pies con
dos dedos

Con más de 2,5 m de alto y 160 kg, el doble que una persona, los **avestruces** ① son las aves más grandes. No vuelan, pero son los animales más rápidos sobre dos patas, con una velocidad de 70 km/h. Viven en África y se alimentan de semillas y frutos. Se tragan piedras del tamaño de una pelota de golf para triturar la comida. El **emú** ②, de Australia, es casi igual de grande y su plumaje parece un pelaje desgreñado. Tiene unas alas diminutas y tres dedos en cada pie, mientras que los avestruces tienen dos. A veces se juntan miles de emús en manadas y cruzan desiertos o asaltan campos de cultivo en busca de comida. El **casuario de Salavati** ③ y el **casuario común** ④ son aves de los bosques tropicales de Australia y Nueva Guinea, con una cresta en la cabeza tipo yelmo. Pueden ser peligrosos si se

Cuello gris

⑤ Ñandú de Darwin

Avestruz somalí

⑥ Kiwi moteado menor

⑦ Ñandú común

④ Casuario común

Patas fuertes para correr y nadar

Plumaje marrón grisáceo para camuflarse

⑧ Perdiz cordillerana

⑨ Perdiz copetona

sienten acorralados y atacar con las garras. El ñandú procede de Sudamérica. Los machos son padres entregados que incuban los huevos y cuidan de sus polluelos. El **ñandú de Darwin** ⑤ vive en manadas de hasta 30 ejemplares. Durante la época de reproducción, los machos luchan para atraer a las hembras. Los kiwis son originarios de Nueva Zelanda. Son del tamaño de una gallina, no pueden volar y tienen un pico

muy largo. Viven en bosques y comen insectos y gusanos por la noche. El **kiwi moteado menor** ⑥ habita en islas lejos de la costa, a salvo de depredadores. El **ñandú común** ⑦ vive en manadas de hasta 100 ejemplares. Los machos usan el diseño de las alas para atraer a las hembras. La **perdiz cordillerana** ⑧ y la **perdiz copetona** ⑨ son de América del Sur. Pueden volar, pero prefieren huir corriendo.

Palomas y tórtolas

«Melena» azul

Nicobar

Paloma huilota ①

Tórtola europea

Paloma turca

La larga cola afilada la distingue de especies parecidas

Paloma torcaz ②

Pico multicolor

Vinago africano ③

Paloma rosada ④

Paloma faisán ⑤

Dúcula imperial

Paloma perdiz áurea

Patas y dedos grandes

Este grupo incluye muchas aves corrientes, así como otras más raras. Tienen el cuerpo redondeado y las patas cortas, y suelen mover la cabeza adelante y atrás al andar. Todas son vegetarianas, y muchas, como la **paloma huilota** ① y la **paloma torcaz** ②, viven cerca de campos y granjas, donde abunda el alimento. Las palomas y las tórtolas suelen ser marrones o grises, pero algunas especies tropicales son más coloridas, como el **vinago africano** ③, que trepa a los árboles como un loro, y la **paloma rosada** ④, de la isla Mauricio en el océano Índico. La paloma rosada se extinguió casi por completo en la década de 1990, pero las organizaciones protectoras la rescataron cuando solo quedaban 10 ejemplares en libertad. La **paloma faisán** ⑤ de Nueva Guinea tiene fuertes patas y se alimenta en el

6 Tilopo magnífico

Cresta puntiaguda levantada

7 Paloma plumífera

Tórtola cuco parda

Paloma esmeralda

Tórtola inca

Paloma perdiz de Célebes

Paloma de Guinea

La cresta se mueve adelante y atrás al andar

Alas moteadas de blanco

Paloma bronce común

Paloma Wonga

Parte inferior moteada

10 Gura sureña

8 Paloma doméstica

Tortolita rabilarga

9 Tortolita diamante

suelo, mientras que el **tilopo magnífico** 6 vive en la copa de los árboles en los bosques tropicales y disemina las semillas a través de sus heces. Las palomas y las tórtolas también se encuentran en lugares secos. La **paloma plumífera** 7 vive en los cerros rocosos del centro de Australia y se alimenta de semillas de hierbajos desérticos. La más común de todas, la **paloma doméstica** 8,

sobrevive en zonas urbanas, donde esquiva el tráfico, anida en edificios y se alimenta de restos de alimentos. La diminuta **tortolita diamante** 9 de Australia suele verse en parejas o pequeños grupos comiendo en el suelo. Mide solo 20 cm de largo. En el extremo opuesto está la **gura sureña** 10 de Nueva Guinea, que pesa como una gallina. Es una de las más grandes y puede medir 75 cm de largo.

165

Loros y cacatúas

Guacamayo de frente roja

Papagayo australiano

Lori humilde

Cotorrita celestial ❶

Perico princesa

Guacamayo azul y amarillo ❷

Lori gárrulo

Pico fuerte para romper la cáscara de los frutos secos

Loro gris ❸

Periquito ❹

Puede subir o bajar la cresta

Kakapo ❺

Pico afilado para triturar corteza y hojas

Perico multicolor

Cacatúa de moño amarillo ❻

Los loros son uno de los pájaros más listos, ruidosos y coloridos. La mayoría viven en bosques tropicales, aunque algunos prefieren hábitats abiertos. Usan su pico curvado para partir la cáscara de frutos secos y semillas, y varían mucho en tamaño. La diminuta **cotorrita celestial** ❶ es más pequeña que un gorrión, pero los más grandes, como el **guacamayo azul y amarillo** ❷, puede medir casi 1 m

de la cabeza a la cola. Grandes o pequeños, todos los loros tienen pies fuertes con dedos carnosos, que usan para trepar y para sujetar la comida. El **loro gris** ❸ y el **periquito** ❹ común, de los pastizales de Australia, imitan la voz humana. Uno de ellos logró aprender más de 1700 palabras, mientras que los loros grises adiestrados pueden contestar preguntas e incluso contar. El **kakapo** ❺, de Nueva Zelanda, es el loro

ESCALA

Perico maorí cabecirrojo

⑩ Kea

Inseparable enmascarado

Loro cabeciazul

La hembra es roja, con una franja azul en el cuello

El macho es verde en su mayor parte

Loro cacique

⑨ Loro eclecto

Guacamayo escarlata

⑧ Cacatúa Galah

Lorículo coroniazul

Cresta larga y puntiaguda

Cola tan larga como el cuerpo

⑦ Cacatúa ninfa

Amazona de san Vicente

Cacatúa colirroja

Mancha roja en la cola

más raro y que más pesa. No vuela y solo sale de noche. Se mueve despacio, por lo que es una presa fácil. Solo quedan 125 kakapos en libertad. Las cacatúas son loros con crestas plumosas. La **cacatúa de moño amarillo** ⑥, de Australia y Nueva Guinea, a veces vuela hasta los parques y jardines urbanos, mientras que la **cacatúa ninfa** ⑦, como el periquito común, vive en pastizales y matorrales secos.

La mayoría de los loros anidan en los agujeros de los árboles y muchos, incluida la **cacatúa Galah** ⑧, se aparean de por vida. Machos y hembras suelen ser iguales, pero en el caso del **loro eclecto** ⑨ son tan distintos que se creía que eran aves diferentes. El **kea** ⑩ vive en las montañas de Nueva Zelanda. Come casi de todo, incluidos animales vivos y carroña, algo nada habitual entre los loros.

GUACAMAYO MILITAR
Es uno de los miembros más grandes y asombrosos de la familia de los loros. Luce un plumaje espectacular, con el cuerpo verde, las puntas de las alas azules y manchas rojas en la cabeza y la cola. Su enorme pico le permite recoger frutas y abrir frutos secos. Es muy inteligente y sociable, por lo que es muy popular en los zoos o como mascota. ¡Pero puede ser muy ruidoso!

Tamaño ❯ Longitud del cuerpo hasta 75 cm **Envergadura ❯** Hasta 1,1 m **Peso ❯** Unos 900 g **Hábitat ❯** Bosques tropicales bajos y zonas boscosas semiáridas. Vive en grandes bandadas y anida en la copa de los árboles o en paredes de acantilado. **Distribución ❯** Centroamérica y norte de Sudamérica. **Dieta ❯** Fruta, verduras, bayas, frutos secos y semillas. En la selva amazónica, a veces come arcilla de la orilla del río, tal vez para eliminar toxinas. **Reproducción ❯** Realizan complejos vuelos de cortejo y se aparean de por vida. **Longevidad ❯** Hasta 60 años en libertad. **Depredadores ❯** Grandes mamíferos, algunos reptiles, primates y aves rapaces. **Estado de conservación ❯** En peligro por la pérdida de hábitats y el comercio ilegal.

Cucos y turacos

1 Cuco común

Cola en abanico durante el cortejo

2 Cuco faisán

3 Críalo blanquinegro

5 Turaco gris

4 Cúa gigante

Koel común

Cuclillo de Klaas

6 Turaco gigante

Turaco de Hartlaub

Turaco violáceo

Cuclillo piquigualdo

Criar una familia implica mucho trabajo para las aves, ya que tienen que construir el nido y cuidar de las crías. Muchos cucos se libran de dichas tareas poniendo los huevos en el nido de otros pájaros. El dueño del nido no se da cuenta y se encarga de sus crías. El **cuco común** 1 es uno de los más conocidos, con su canto «cucú» al que debe su nombre. Se reproduce en Europa y Asia, pero pasa el invierno en África, recorriendo anualmente unos 15 000 km. El **cuco faisán** 2, de América Central y del Sur, y el **críalo blanquinegro** 3, de Asia y África, también se aprovechan de otros para la crianza, pero el **cúa gigante** 4 de Madagascar confecciona su nido en los árboles. Los cucos se alimentan básicamente de animalillos como arañas y orugas, pero los turacos comen básicamente fruta. Se

Pirincho

ESCALA

Cuco flabeliforme

Cucal chino

7 Correcaminos grande

Al correr, se equilibra con las alas

Críalo europeo

Cresta puntiaguda siempre elevada

9 Hoacin

Cuclillo didric

8 Turaco verde

Dedos fuertes para agarrarse a las ramas

Turaco crestirrojo

Pico corto y ancho

encuentran solo en África, e incluyen al ruidoso **turaco gris** **5** y al **turaco gigante** **6**, que se alimentan en las copas de los árboles. Los turacos tienen pies fuertes y van por las ramas como ardillas en busca de comida. El **correcaminos grande** **7**, de Estados Unidos y México, es un cuco muy grande que pasa la mayor parte del tiempo en el suelo. Es un veloz corredor, como sugiere su nombre, con una velocidad

máxima de unos 30 km/h. Esprinta para atrapar lagartos y serpientes, luego los golpea contra las rocas y se los traga enteros. El **turaco verde** **8** pone dos huevos en un frágil nido y sus crías trepan por las ramas antes de aprender a volar. El **hoacin** **9** de Sudamérica es un pájaro peculiar que se alimenta solo de hojas. Sus polluelos son buenos trepadores gracias a las garras de sus alas.

171

Búhos

ESCALA

Cárabo uralense ❶

Cárabo blanquinegro ❸

Sijú platanero

Cárabo gavilán ❷

Mochuelo duende ❹

Cola larga, como la del halcón

Las plumas de las alas amortiguan el sonido del vuelo

Cárabo lapón ❺

Autillo capirotado

Cárabo común

Autillo chóliba

Al ponerse el sol, la mayoría de las aves se posan y duermen. Los búhos, en cambio, salen a cazar. Con sus grandes ojos y sus oídos muy sensibles, se abaten sobre las presas sigilosamente. Los hay de muchos tamaños y por todo el mundo. El **cárabo uralense** ❶ y el **cárabo gavilán** ❷ proceden de los bosques septentrionales euroasiáticos, y el **cárabo blanquinegro** ❸ vive en las selvas de América

Central y del Sur. El diminuto **mochuelo duende** ❹ vive en los desiertos del sur de Estados Unidos y de México. Pesa solo 40 g, mucho menos que un móvil. El **cárabo lapón** ❺ pesa casi 50 veces más. Tiene la cara redondeada y plana y los ojos amarillos. Su cara canaliza el sonido hacia sus oídos, lo que le permite localizar a pequeños mamíferos en el suelo o incluso bajo la nieve. El **búho nival** ❻ vive en la región

172

Autillo europeo

6 Búho nival

Grandes mechones en las orejas

Búho pescador malayo

Plumaje blanco salpicado de negro

Búho campestre

Lechuzón de anteojos

7 Lechuza común

8 Lechuza norteña

9 Búho americano

Autillo cariblanco sureño

Buhíto ferrugíneo

Búho chico

Búho del desierto

Garras afiladas para enfrentarse a presas grandes

10 Autillo chillón

ártica, donde su plumaje blanco es un buen camuflaje invernal. El sol nunca se pone durante el verano ártico, así que tiene que cazar de día. La **lechuza común 7** es una de las aves más extendidas y vive en todos los continentes excepto la Antártida. Puede cazar, aunque la oscuridad sea total, volando lentamente a pocos metros del suelo. Los búhos son muy silenciosos cuando cazan,

pero muchos emiten sonidos extraños o escalofriantes. Cuando se asusta, la **lechuza norteña 8** hace un ruido que recuerda el de una sierra y el **búho americano 9** tiene una manera de ulular profunda y llena de eco. El **autillo chillón 10** es un pájaro bajo y robusto, con una cabeza grande y casi sin cuello. A pesar de su nombre, no chilla, sino que silba y trina.

CÁRABO NORTEAMERICANO
Emite un sonido repetido muy característico. Se posa en los árboles durante el día y por la noche caza animales, como roedores y conejos. Las plumas de sus alas están especialmente diseñadas para permitirle volar sin hacer apenas ruido, a fin de sorprender a sus presas. Se lanza en picado y las atrapa con sus afiladas garras.

Tamaño › Hasta 51 cm de largo. **Envergadura ›** Hasta 1,1 m
Peso › Los machos, unos 630 g; las hembras, unos 800 g
Hábitat › Bosques, pantanos y suburbios. **Distribución ›**
Originario del este de Estados Unidos hasta Texas por el sur.
Se halla también en California, Oregón, sudoeste de Canadá y
México. **Dieta ›** Roedores, conejos, aves, ranas, reptiles y
peces. **Reproducción ›** La hembra pone de 1 a 5 huevos.
Los polluelos vuelan a las 6 semanas y maduran a los 2 años.
Longevidad › Hasta 18 años en libertad. **Depredadores ›**
A veces el búho americano caza cárabos norteamericanos
adultos. Mapaches y comadrejas pueden comerse sus
huevos y crías. **Estado de conservación ›** No amenazado.

Colibríes y vencejos

ESCALA

① Colibrí de raquetas

Colibrí colirrojo

② Colibrí puneño

Colibrí pico ancho

Colibrí panza café

Colibrí de corbata roja

Colibrí rufo

Colibrí garganta azul

③ Colibrí calíope

④ Colibrí picoespada

La lengua sobresale del pico cuando come

Inca collarejo

⑤ Colibrí escamoso

Colibrí de Allen

Colibrí de garganta roja

Colibrí lucifer

Ermitaño escamoso

Los colibríes y los vencejos baten todo tipo de récords en el cielo. Batiendo las alas hasta 70 veces por segundo, los colibríes vuelan hacia delante y hacia atrás, o planean sin moverse del sitio, como los helicópteros. Este grupo incluye especies como el **colibrí de raquetas** ①, con sus llamativas plumas de la cola, y el **colibrí puneño** ②, que vive en los Andes a 5000 m de altura. El **colibrí calíope** ③

pasa el invierno en América Central, pero migra al norte de Canadá en primavera, toda una proeza para un pájaro tan pequeño. La mayoría de los colibríes tienen el pico largo para sorber el néctar de las flores. El **colibrí picoespada** ④ es el único pájaro con el pico más largo que el cuerpo. Se alimenta en flores grandes con forma de trompeta, poniéndose debajo para llegar al néctar. Las alas plegadas del **colibrí escamoso** ⑤

Colibrí morado

⑥ Pájaro mosca

① Vencejo real

⑧ Vencejo pecho blanco

Colibrí de Anna

Colibrí de orejas violetas

⑨ Vencejo común

Silfo de King

Jacobino cuello blanco

Alas en forma de guadaña para volar veloz

Colibrí rubí

Pico curvado para sorber el néctar de las flores

Colibrí pico de hoz

Cola naranja rojiza en abanico para atraer a las hembras

son mucho más largas que su cola. El diminuto **pájaro mosca** ⑥ de Cuba es el pájaro más pequeño. Los machos miden 5 cm de largo y pesan menos que un terrón de azúcar. Los colibríes viven solo en el continente americano, pero los vencejos se encuentran por todo el planeta. Se alimentan de insectos que atrapan en pleno vuelo. El **vencejo real** ⑦ y el **vencejo pecho blanco** ⑧ anidan en grietas rocosas. Como

todos los vencejos, tienen unos pies diminutos con los que pueden aferrarse pero que no les permiten posarse ni saltar. El **vencejo común** ⑨ de Europa, África y Asia es una de las aves más veloces. Pasa la mayor parte del tiempo volando e incluso come, bebe y duerme en pleno vuelo. Tras abandonar el nido, las crías no se posan hasta que cumplen 2 o 3 años, cuando empiezan a reproducirse.

Martín pescador y familia

La cola en forma de raqueta puede oscilar como un péndulo

1 Momoto común

2 Toco piquirrojo

Ojos grandes con pestañas plumosas

Momoto cejiazul

3 Cálao terrestre norteño

Una cámara hueca amplifica su grito

Abejaruco común

5

4 Cálao coronado

6 Abejaruco gorgiblanco

Cola con un pincho central en adultos

Garras cortas en pies fuertes

Los martines pescadores suelen vivir cerca del agua, pero la mayoría de sus parientes viven básicamente en tierra. Muchos de ellos cazan animalillos y casi todos anidan en agujeros que excavan en la orilla del río o los árboles. El más grande es el cálao terrestre, que puede pesar el doble que una gallina. En el otro extremo, algunos martines pescadores pesan solo 10 g. El **momoto común** 1 de América Central y del Sur se alimenta de insectos y otros animales. El **toco piquirrojo** 2 vive en el suelo y en los árboles, y el **cálao terrestre norteño** 3 vaga por las praderas de África sobre sus grandes pies escamosos. Los cálaos pueden presentar un yelmo, o casco, sobre el pico. El **cálao coronado** 4 de Asia meridional tiene un casco muy grande y emite un sonido característico con las alas al volar. El **abejaruco común** 5

Cresta levantada cuando
alza el vuelo y se posa

7 Abubilla

Carraca de raquetas

Alción colilargo silvia

8 Martín pescador común

Carraca blanquiazul

Cálao trompetero

Pico plano para
cazar insectos
en pleno vuelo

Pico delgado
para buscar
insectos en
los árboles

Martín pigmeo africano

Barrancolí jamaicano

Abubilla arbórea verde

El plumaje marrón le
ayuda a camuflarse
en los árboles

9 Martín gigante
norteamericano

10 Cucaburra común

Martín pescador menudo

Martín pescador pío

Alción torotoro

ESCALA

y el **abejaruco gorgiblanco** 6 son especialistas en atrapar abejas en pleno vuelo. Cuando atrapan una, la frotan contra algo duro para eliminar el aguijón. La **abubilla** 7 es una ave migratoria que se reproduce en Europa y Asia. Con su pico delgado busca larvas y gusanos en el suelo. El **martín pescador común** 8 vive junto a ríos y arroyos, en los que se zambulle en busca de peces. El **martín gigante**

norteamericano 9 también caza en las orillas. Como sus parientes, golpea la presa contra algo duro y luego se la traga empezando por la cabeza. La **cucaburra común** 10 es el martín pescador más grande y emite un sonido que parece una carcajada. Vive en zonas boscosas y se zampa cualquier cosa que pueda tragar, incluidos insectos, lagartos y serpientes.

179

Tucanes y pájaros carpinteros

ESCALA

Barbudo grande

Arasarí banana

Pico de bordes dentados

Arasarí acollarado ⑤

Tucán bicolor ①

Mielero dorsiverde

Buco barbón ③

Monjilla macurú

Buco chacurú ④

Tucancito de pico maculado ②

Pico con espacios llenos de aire a modo de colmena

Arasarí castaño ⑥

Monja unicolor

Lengua larga y delgada

Los tucanes y los pájaros carpinteros son muy diferentes, pero pertenecen al mismo grupo de aves. Viven sobre todo en zonas boscosas y suelen anidar en agujeros. Tienen los pies diseñados para agarrarse a los troncos de los árboles. Lo que más atrae la atención en los tucanes es su gigantesco pico multicolor. El **tucán bicolor** ① se alimenta básicamente de fruta. Como muchos tucanes, tiene el pico repleto de espacios llenos de aire, lo que reduce mucho su peso. El **tucancito de pico maculado** ② tiene el pico más pequeño, pero se alimenta al estilo tucán. Coge una fruta, la lanza al aire y se la traga entera. El **buco barbón** ③ y el **buco chacurú** ④ se alimentan sobre todo de insectos y suelen anidar en antiguos termiteros o en agujeros del suelo. Como los tucanes, el **arasarí acollarado** ⑤ y el **arasarí**

Barbudo tucán

Barbudo de frente amarilla

7 Tucán toco

8 Carpintero escapulario

9 Pico picapinos

El pico mide más
de la mitad de lo
que mide el cuerpo

Carpintero manchado

Barbudo capuchino

Barbudo de
cabeza roja

La cresta roja
está siempre
levantada

Dos dedos miran
hacia delante y dos
hacia atrás

Torcecuello euroasiático

Jacamará colirrufo

Pico largo y
fino en forma
de daga

Barbudo cabecirrojo

11 Pito crestado

Carpintero arcoíris

10 Pito de corazones

Chupasavia norteño

Carpinterito bayo

La cola asegura el
cuerpo al tronco

castaño **6** viven en los bosques de América Central y del Sur. Deambulan por las copas de los árboles en pequeñas bandadas y se posan juntos en árboles huecos. El **tucán toco 7** es uno de los más grandes. Su pico colosal le permite alcanzar los frutos más alejados. También come animalillos como insectos y ranas. Algunos pájaros carpinteros, incluido el **carpintero escapulario 8**, comen en el suelo, pero la

mayoría se aferran a los troncos de los árboles y los martillean con el pico en busca de insectos que llevarse a la boca. El **pico picapinos 9** de Europa y Asia come larvas de escarabajo barrenador y el **pito de corazones 10** del sudeste asiático busca insectos bajo la corteza. El **pito crestado 11**, a pesar de su tamaño espectacular, se alimenta básicamente de hormigas.

Aves rapaces

ESCALA

① Águila volatinera

Gavilán de Swainson

Plumas de vuelo en forma de dedo

Busardo gavilán

Busardo colirrojo

② Aguililla rojinegra

Plumas doradas en la cabeza y el cogote

③ Águila real

④ Águila calva

Águila azor africana

Potentes alas para poder levantar peso

Con su pico ganchudo y sus garras afiladas, las aves rapaces son unas asesinas natas. La mayoría de ellas agarran a las presas con los pies y las desgarran con el pico. Algunas, como el **águila volatinera** ①, comen carroña y presas vivas. Los buitres son solo carroñeros y comen restos en descomposición. Las aves rapaces suelen cazar en solitario, pero la **aguililla rojinegra** ②

de Norteamérica lo hace en grupo. El **águila real** ③ caza en las montañas y la tundra ártica. Con sus enormes alas y sus potentes patas puede levantar presas del mismo peso que ella. El **águila calva** ④ de Norteamérica suele congregarse cerca del agua, donde atrapa peces vivos o se come los muertos que van a parar a la orilla. Construye grandes nidos con ramitas. El ejemplar más grande

5 Halcón lanario

6 Cernícalo vulgar

Ratonero común

Ojos orientados hacia delante para calcular distancias

7 Halcón peregrino

Cernícalo americano

Alas anchas y cola corta

Busardo moro

Cabeza de águila con pico ganchudo

9 Secretario

Esmerejón

Serpiente a punto de ser engullida entera

8 Águila pescadora

Patas largas y cubiertas de plumas solo en parte

Halconcito africano

Dedo exterior reversible para agarrar mejor las presas

conocido pesaba casi 3 toneladas. Los halcones y los cernícalos son mucho más pequeños y tienen el cuerpo esbelto y las alas delgadas. El **halcón lanario** **5** se lanza sobre otros pájaros, mientras que el **cernícalo vulgar** **6** planea en el aire y luego desciende sobre topillos, insectos y gusanos. El **halcón peregrino** **7** es el animal más veloz de la Tierra. Se lanza hacia el suelo, con las alas plegadas

en parte, a más de 300 km/h, tan rápido como un bólido de Fórmula 1. El **águila pescadora** **8**, presente en todo el mundo, caza peces que atrapa en la superficie del agua. El **secretario** **9** tiene unas patas muy largas y caza en el suelo. Es un experto cazando serpientes. Utiliza las alas como escudos y acostumbra a pisotear a su presa antes de tragársela entera.

Chimachimá

Los adultos tienen una veta negra detrás del ojo

⑪ Buitre pavo

Carancho austral

⑩ Carancho norteño

Collarín blanco en adultos

⑬ Cóndor andino

Pico ganchudo para desgarrar presas

⑫ Buitre negro americano

Elanio bailarín

⑭ Milano real

⑮ Caracolero común

Milano del Mississippi

ESCALA

Muchas aves rapaces no comen nada que no esté vivo. A los caranchos, menos exquisitos, les da lo mismo que la presa esté viva o muerta. El **carancho norteño** ⑩ se alimenta básicamente en el suelo, pero también persigue a otras aves intentando que suelten sus presas. Las garras de la mayoría de los buitres son débiles, por lo que no suelen cazar. Actúan como un escuadrón de limpieza, buscando y comiendo

restos muertos. El **buitre pavo** ⑪ suele alimentarse de animales muertos en la carretera, aunque el **buitre negro americano** ⑫ a veces los aparta y se los reserva. El **cóndor andino** ⑬ de Sudamérica es una de las aves voladoras más grandes del mundo. Con una envergadura de 3,2 m, vuela sobre montañas remotas y costas rocosas, comiendo toda clase de animales muertos, incluidas ballenas varadas. Los

Cabeza y cuello
sin apenas plumas

⑯ Buitre de Ruppell

⑰ Alimoche común

Piel desnuda
alrededor de los ojos

⑱ Buitre palmero

Azor común

Pecho con
manchas

Aguilucho de Hudson

⑲ Buitre dorsiblanco africano

milanos son cazadores y carroñeros que deambulan cerca del suelo. El **milano real** ⑭ suele alimentarse de conejos y pájaros muertos, pero el **caracolero común** ⑮ come caracoles de agua dulce. Los sujeta con un pie y saca el caracol con su pico delgado. África y Asia tienen muchos buitres autóctonos. El **buitre de Ruppell** ⑯ prácticamente no tiene plumas ni en la cabeza ni en el cuello, ya que estas

se obstruirían con la sangre cuando comiera carcasas de animales. El **alimoche común** ⑰ golpea los huevos de avestruz con una piedra para abrirlos. El **buitre palmero** ⑱ es parcialmente herbívoro. Come los frutos de la palma aceitera y también insectos, escorpiones y cangrejos. El **buitre dorsiblanco africano** ⑲ vuela en círculos con sus grandes alas en busca de carroña.

CÓNDOR REAL

Puede encontrarse en América Central y del Sur. Esta ave carroñera de aspecto curioso y vivos colores se alimenta de la carne de los animales muertos. Es una de las aves carroñeras más grandes y fuertes. Su pico afilado y sus fuertes músculos le permiten desgarrar los cadáveres que otras aves más pequeñas no pueden comerse.

Tamaño › Hasta 80 cm de largo. **Envergadura ›** Hasta 2 m **Peso ›** Hasta 4,5 kg **Hábitat ›** Bosque tropical bajo y pastizales. **Distribución ›** Regiones tropicales de América Central y del Sur, de México a Argentina. **Dieta ›** Animales muertos **Reproducción ›** Las hembras ponen un huevo, que tarda 58 días en eclosionar. Ambos progenitores alimentan a sus crías con carroña que guardan en el buche. **Longevidad ›** En libertad se desconoce. Más de 30 años en cautividad. **Depredadores ›** Las serpientes pueden robar sus huevos y los jaguares, cazar a adultos enfermos o heridos. **Estado de conservación ›** No está en peligro de extinción, pero su población disminuye posiblemente por la pérdida de hábitats.

Patos, gansos y cisnes

Corredor indio

El macho tiene la cabeza de vivos colores y la hembra, marrón

Porrón coronado

1 Eider real

Silbón americano

Pico puntiagudo para agarrar plantas

2 Ganso urraco

Patas amarillentas de pies parcialmente palmeados

3 Pato de la Florida

4 Tarro blanco

Porrón picudo

Gansito pigmeo africano

Cuello oscuro con una franja blanca en el mentón

Pato gargantilla

Ganso de Canadá

Barnacla cuellirroja

Los patos y sus parientes son buenos nadadores, de ahí que también sean conocidos como aves acuáticas. Casi todos tienen pies palmeados y plumas impermeables. La mayoría viven en lagos y ríos, pero algunos, como el **eider real** 1, se reproducen en la costa y pasan el invierno en el mar. El **ganso urraco** 2 pone hasta 12 huevos al año, pero sobreviven pocas crías, pues tienen muchos depredadores potenciales. El **pato de la Florida** 3 anida en los agujeros de los árboles. Poco después de nacer, la madre lleva a los patitos hasta el agua. El **tarro blanco** 4 suele reproducirse en madrigueras de conejos, pero la mayoría de las aves acuáticas anidan a la intemperie, cerca de la orilla. Los gansos se alimentan básicamente de hierba, pero los patos y los cisnes suelen comer mientras se desplazan por el agua.

5 Cuchara común

Puede extender su gran cresta

Serreta capuchona

6 Serreta mediana

Pato havelda

ESCALA

Pico aserrado rojo para atrapar peces

1 Cisne mudo

El macho es negro con una mancha blanca en la frente

Negrón costero

8 Ánsar calvo

Yaguasa adornada

Cabeza gris con cresta plumosa

9 Ánade real

Chajá común

10 Pato doméstico

11 Cisne negro

Cerceta de Baikal

Serreta chica

La **cuchara común** **5** filtra animalillos del agua con su pico plano, mientras que la **serreta mediana** **6** atrapa peces ayudándose de su pico aserrado para evitar que se le escapen. El **cisne mudo** **7** usa su largo cuello para alcanzar presas sepultadas en el lodo. Si se siente amenazado, dobla el cuello y levanta las alas para ahuyentar a los agresores. El **ánsar calvo** **8** recorre grandes distancias, y en su migración debe ascender a más de 6000 m para cruzar el Himalaya. En este grupo se incluyen también algunas aves de granja. El **ánade real** **9** es el pato más extendido del mundo. El **pato doméstico** **10**, un descendiente del ánade real, lleva criándose miles de años. El **cisne negro** **11** es una gran ave nómada que vuela hasta los lagos que se forman con la lluvia.

Pingüinos

ESCALA

① Pingüino de las Galápagos

② Pingüino de Adelia

Alas pequeñas y rígidas a modo de aletas

③ Pingüino emperador

Pingüino de las Snares

Cresta larga de plumas amarillas

Pingüinos de penacho amarillo

④ Pingüino enano

⑤ Pingüino de El Cabo

Pingüino de ojo amarillo

Los pingüinos son muy atractivos, con su cuerpo erguido y su plumaje blanco y negro. No saben volar, pero son grandes nadadores. Usan las alas a modo de aletas para perseguir peces y otras presas en algunos de los mares más gélidos y tormentosos del mundo. El **pingüino de las Galápagos** ① vive en las islas Galápagos, en Ecuador. Es el único que se reproduce en aguas tropicales. El resto viven en aguas mucho más frías en el hemisferio sur. El **pingüino de Adelia** ② es uno de los pocos que se reproduce en la Antártida. En primavera construye el nido con piedras entre las rocas. Otra especie antártica, el **pingüino emperador** ③, es el más grande. Puede medir 1,2 m de altura. Se reproduce sobre el hielo. El macho calienta los huevos durante el largo invierno polar manteniéndolos en equilibrio sobre los pies.

6 Pingüino de Humboldt

Pingüino barbijo

Pingüino Juanito

Pico largo para atrapar peces y calamares

Pingüino de Fiordland

1 Pingüino de Magallanes

8 Pingüino rey

9 Pingüino de penacho anaranjado

Pingüino de las Antípodas

Patas cortas y pies fuertes para nadar

La hembra permanece en el mar alimentándose y regresa a tierra cuando los polluelos eclosionan. El **pingüino enano** 4, de 40 cm, es el más pequeño. Anida en madrigueras en las playas de Nueva Zelanda y Australia. El **pingüino de El Cabo** 5 emite unos rebuznos parecidos a los de los burros. Es un pariente cercano del **pingüino de Humboldt** 6 y el **pingüino de Magallanes** 7, que anidan en el extremo sur de Sudamérica. El **pingüino rey** 8 parece una versión en miniatura del pingüino emperador. Anida en islas rocosas remotas en la Antártida e incuba los huevos de la misma manera que el pingüino emperador. El **pingüino de penacho anaranjado** 9 está entre los que tienen crestas con plumas. Sale a tierra para reproducirse, pero el resto del tiempo lo pasa en alta mar.

191

PINGÜINO EMPERADOR
Este pingüino, alto y majestuoso, es el más grande. Vive sobre el hielo compacto y caza en las gélidas aguas del océano Antártico, persiguiendo a los peces con gran destreza. Sus tupidas plumas y la gruesa capa de grasa lo protegen del intenso frío. En tierra, los adultos y los polluelos se apiñan formando grandes colonias. Hacen turnos para disfrutar del calor del centro.

Tamaño ❯ Unos 1,15 m de alto. **Peso ❯** Hasta 37 kg **Hábitat ❯** Costas, islas y hielo compacto. **Distribución ❯** Antártida. **Dieta ❯** Peces, calamares, crustáceos y kril. **Reproducción ❯** Se reproduce una vez al año en invierno. La hembra pone un huevo y se va en busca de comida. El macho lo coloca sobre sus pies y lo cubre con una capa de piel llamada bolsa de cría. La hembra regresa cuando el huevo eclosiona y juntos cuidan del polluelo. **Depredadores ❯** Los adultos son atacados por orcas, tiburones o focas leopardo. Los polluelos, por el págalo austral o el petrel gigante. **Estado de conservación ❯** Los científicos creen que acabará en peligro de extinción porque el hielo se derrite a causa del cambio climático.

Cigüeñas, ibis y garzas

ESCALA

Garceta grande ❶

«Carúncula» amarilla sobre el pico

Jabirú africano ❻

El pico se vuelve naranja durante la época de apareamiento

El cuello en forma de S se estira para abatir a las presas

Espátula común ❹

Garcilla bueyera ❷

Garceta rojiza

Garcilla india

Pico con la punta en forma de cuchara

Espátula rosada ❺

Garceta común

Avetoro común ❸

Avetorillo común

Con su largo pico y sus patas aún más largas, las cigüeñas y sus parientes están hechos para cazar con sigilo. Muchas andan por aguas poco profundas en busca de comida, pero algunas especies se alimentan en tierra. La **garceta grande** ❶ espera pacientemente a que aparezca algún pez o rana y lo arponea con el pico. La **garcilla bueyera** ❷ caza saltamontes y otros insectos agitados por las pezuñas de animales en las praderas. Los avetoros cazan junto a la orilla, con el cuello encorvado y listo para atacar. El **avetoro común** ❸ se camufla perfectamente entre los juncos. Si alguien se acerca, se yergue y se balancea lentamente de un lado a otro, como los juncos mecidos por el viento. La **espátula común** ❹ y la **espátula rosada** ❺ atrapan a sus presas andando por el agua y

Garceta tricolor

Cigüeñón

① Martinete común

Pico corto y grueso

Garza pico de bota

⑧ Garza real

⑩ Ibis escarlata

Dedos parcialmente palmeados

Ojos grandes para cazar con poca luz

Punta del ala negra

⑨ Cigüeña blanca

Martinete coronado

Garcita verde

Patas largas y robustas

Morito común

Bandurria

moviendo el pico aplanado de lado a lado. Si notan alguna presa con la punta del pico, la «cuchara» se cierra al instante. El **jabirú africano** ❻ tiene una envergadura de hasta 2,75 m. Como otras cigüeñas, vuela con el cuello estirado y las patas colgando detrás. Las cigüeñas y los ibis suelen cazar durante el día, pero las garzas nocturnas se activan en cuanto oscurece. El **martinete común** ❼ vive en humedales de todo el mundo, moviéndose furtivamente por la orilla y emboscando a sus presas. La **garza real** ❽ vive todo el año en Europa occidental, pero la **cigüeña blanca** ❾ migra hacia el norte todos los años desde África y Asia meridional, con las alas extendidas. El **ibis escarlata** ❿ vive en Sudamérica y el Caribe. Debe su bello color a los crustáceos de los que se alimenta.

Pelícanos y familia

La buena visión le permite ver a las presas bajo el agua

1 Picozapato

2 Rabijunco común

3 Rabijunco etéreo

Cormorán australiano

5 Cormorán de las Galápagos

Cuello flexible para atrapar peces

4 Cormorán grande

6 Aninga americana

Cormorán gris

Cormorán orejudo

Cormorán pigmeo

Casi todos los pelícanos y sus parientes tienen pies palmeados y nadan o se zambullen para atrapar a sus presas. El **picozapato** 1 es la excepción. Vive en los pantanos de África, donde captura peces y ranas con su enorme pico. El **rabijunco común** 2 y el **rabijunco etéreo** 3 revolotean sin parar sobre los océanos tropicales. Amerizan con las alas parcialmente plegadas, atrapan a su presa y se elevan de nuevo. El **cormorán grande** 4 caza peces en ríos, lagos y en la costa. Se sumerge en el agua propulsándose con los pies y maniobrando con las alas. Como en el caso de otros cormoranes, sus plumas no son impermeables, así que cuando termina de pescar deja las alas abiertas hasta que se secan. El **cormorán de las Galápagos** 5 tiene las alas rechonchas y es el único

ESCALA

Avemartillo

Cormorán de cara roja

Piquero enmascarado

La coloración blanca y negra se desarrolla en la edad adulta

Piquero pardo

Pelícano blanco americano

El pico tiene una bolsa para atrapar peces

❽ Pelícano pardo

Cabeza cubierta de manchas

❾ Fragata común

Piquero patiazul

El azul impresiona a posibles parejas

Cormorán moñudo

❿ Alcatraz común

Pelícano oriental

cormorán que no puede volar. La **aninga americana** ❻, o pato aguja, nada con el cuerpo por debajo de la línea de flotación, de modo que solo sobresalen la cabeza y el cuello. Los pelícanos son conocidos por la enorme bolsa que cuelga bajo su pico, que usan para atrapar peces. El **pelícano blanco americano** ❼ pesca desde la superficie, pero el **pelícano pardo** ❽ se desplaza justo por encima de las olas

y se lanza en picado sobre su presa. La **fragata común** ❾ vuela sobre el océano con sus alas largas y delgadas. Atrapa peces en la superficie o persigue a otras aves hasta que sueltan a su presa. Los piqueros y los alcatraces se sumergen en el mar a gran velocidad para atrapar los peces que pasan. El **alcatraz común** ❿ se lanza en picado desde una altura de 30 m con las alas plegadas.

FLAMENCOS
Son fáciles de reconocer gracias a sus patas y su larguísimo cuello, y por su intenso color rosado. Estos flamencos comunes, una de las seis especies de la familia, viven en bandadas de hasta 250 000 ejemplares que comen, anidan y se reproducen juntos. Andan por las aguas superficiales con la cabeza bajo el agua en busca de alimento. Filtran la comida con su pico especialmente adaptado.

Tamaño ❯ Hasta 1,5 m de alto. **Envergadura ❯** 1,7 m **Peso ❯** Hasta 4 kg **Hábitat ❯** Lagunas, lagos salados y costas lodosas poco profundas. **Distribución ❯** América Central y del Sur, Caribe, África, sudoeste de Europa y Asia. **Dieta ❯** Gambas, gusanos, algas microscópicas y trocitos de plantas acuáticas. Su color rosado es consecuencia de su alimentación.

Reproducción ❯ Las hembras ponen un solo huevo en un nido que parece un volcán de barro en miniatura. **Longevidad ❯** 30 años en libertad, más en cautividad. **Depredadores ❯** Los adultos tienen pocos depredadores naturales, pero las crías pueden ser devoradas por hienas, aves rapaces y marabúes africanos. **Estado de conservación ❯** No amenazado.

Zancudas, alcas y gaviotas

ESCALA

Playero menor de patas amarillas

7 Ostrero negro americano

Avoceta australiana

Chorlito dorado común

2 Ostrero euroasiático

3 Avoceta común

Avefría militar

Chorlito gris

4 Cigüeñuela de cuello negro

Avefría militar

5 Playero común

6 Playero rojizo

Avefría europea

Avefría con las patas más cortas

Las zancudas viven en marismas, en la costa y en alta mar. La mayoría ponen los huevos en el suelo y algunas recorren grandes distancias para reproducirse. El **ostrero negro americano** ❶ se alimenta de gambas y gusanos, pero también se le da bien abrir las conchas de ostras y cangrejos. El **ostrero euroasiático** ❷ usa la misma técnica de caza para conseguir mejillones y otras

presas. La **avoceta común** ❸ camina por aguas superficiales moviendo el pico de un lado a otro. La punta del pico es muy sensible y le ayuda a atrapar insectos, gambas y otros animalillos mediante el tacto. La **cigüeñuela de cuello negro** ❹ se pasea por el agua sobre sus finas patas rojas. En comparación con el cuerpo, las patas son larguísimas y asoman por detrás cuando incuba los huevos.

202

Alcaraván común

Aguja café

Agachadiza chica

Aguja colinegra

Pico largo y estrecho para buscar en el lodo

7 Jacana común

8 Agachadiza americana

Jacana colilarga

Dedos largos para repartir el peso

Picoibis

Pico curvado para buscar bajo las rocas

9 Combatiente

Los machos lucen una gorguera marrón, negra o blanca

Vuelvepiedras común

10 Zarapito americano

Correlimos cuchareta

Cigüeñuela pechirroja

Archibebe común

Corredor sahariano

El **playero común** 5 y el **playero rojizo** 6 se reproducen en la tundra ártica y luego migran al sur en bandadas. El playero rojizo viaja hasta el extremo de Sudamérica y Nueva Zelanda, un viaje épico de 30 000 km. La **jacana común** 7 de Sudamérica tiene unos dedos gigantes para andar por las hojas flotantes en lagos poco profundos. La **agachadiza americana** 8 cuenta con una visión de 360 grados gracias a que tiene los ojos en la parte superior de la cabeza. En sus exhibiciones de cortejo, el macho vuela a 8 km/h, un récord de lentitud para un pájaro. El macho del **combatiente** 9 presenta una gorguera de plumas alrededor del cuello en la época del cortejo. El **zarapito americano** 10 caza gusanos con su pico curvado, que tiene una longitud de más de la mitad de lo que mide su cuerpo.

⑪ Mérgulo atlántico

Pico aplanado
de lado a lado

⑫ Alca común

Rayador americano

Mérgulo jaspeado

Págalo antártico

Gavión cabecinegro

⑬ Frailecillo coletudo

Arao aliblanco

⑭ Frailecillo común

Mérgulo empenachado

⑮ Tiñosa común

⑯ Charrán ártico

Gaviota de las Galápagos

⑰ Pagaza piquirroja

Charrán piquigualdo

Pies palmeados para
remar en el agua

Patas cortas
y robustas

Las gaviotas y las alcas son buenas nadadoras.
Tienen plumas impermeables y pies palmeados. Las gaviotas
suelen vagar por tierra, pero las alcas son aves marinas y
usan las alas para volar y nadar. El **mérgulo atlántico** ⑪ es
el alca más pequeña, con sus 19 cm de largo. Tiene el cuerpo
blanco y negro y el pico corto y regordete. Anida entre rocas
en el alto Ártico y se alimenta en grandes bandadas que

parecen enjambres de abejas. El **alca común** ⑫ se
reproduce en salientes rocosos, pero el **frailecillo coletudo**
⑬ y el **frailecillo común** ⑭ anidan en madrigueras en lo
alto de acantilados. Los frailecillos atrapan lanzones y otros
peces con su pico multicolor. Pueden llevar hasta una
docena a la vez. Los charranes y las tiñosas son parientes
de las gaviotas. Tienen la cola larga y las alas puntiagudas.

Gaviota cejiblanca

⑱ Gaviota de Ross

Gaviota austral

Gaviota gris

Fuerte pico para
atacar a las presas

⑳ Gaviota cana

⑲ Gavión atlántico

Los adultos en edad
reproductora tienen
la cabeza blanca

Gaviota reidora
americana

Gaviota mexicana

Charrán inca

ESCALA

Gaviota tridáctila

La **tiñosa común** ⑮ se reproduce en islas tropicales, mientras que el **charrán ártico** ⑯ migra del océano Ártico al Antártico. A lo largo de su vida puede recorrer hasta 2,4 millones de kilómetros. La **pagaza piquirroja** ⑰ permanece junto a la costa y suele reproducirse cerca de lagos. Son progenitores muy protectores que atacan a cualquiera que se acerque al nido. Las alcas se procuran el alimento solo en el mar, pero las gaviotas recogen basura de la orilla y de tierra adentro. La **gaviota de Ross** ⑱ vive cerca del borde del hielo compacto del Ártico y rara vez va más al sur. El **gavión atlántico** ⑲ es la gaviota más grande. Mide 78 cm de largo y tiene un apetito voraz. Suele cazar otras aves marinas. La **gaviota cana** ⑳ sigue a los tractores que aran en busca de gusanos.

ALBATROS

Probablemente es el rey de las aves marinas. Pasa la mayor parte de su vida planeando sobre los océanos. Puede volar cientos de kilómetros en un solo día y fijar las alas en posición abierta para poder planear sin apenas o nada de esfuerzo. El albatros de ceja negra, como los de la foto, es la especie más común y extendida, pero también está en peligro a causa de la actividad humana.

Tamaño > 83-95 cm de alto. **Envergadura >** Hasta 2,4 m **Peso >** Hasta 5 kg **Hábitat >** Pasa la mayor parte del año en el mar, pero regresa a tierra para reproducirse. **Distribución >** Océano Atlántico sur. **Dieta >** Crustáceos, peces, calamares y pingüinos muertos. Toma el alimento de la superficie del océano o se sumerge en él, y sigue los barcos en busca de peces desechados. **Reproducción >** Se aparea de por vida. La hembra pone un huevo y ambos lo cuidan. **Longevidad >** Normalmente unos 30 años, pero puede llegar a vivir 70. **Depredadores >** El tiburón tigre puede cazar a los adultos. Las ratas o los págalos, los huevos. **Estado de conservación >** En peligro, pues suelen morir enredados en redes de pesca.

Paseriformes

ESCALA

Suimanga pechiescarlata ❶

Bienteveo común

Cardenal rojo ❷

Verdín de Hardwicke

Pico cónico para abrir semillas

Pibí oriental

Saltarín militar

Bailarín azul ❸

Mosquero cardenal

Batará pechinegro

Titirijí común

Pita aliazul ❺

Mirlo acuático europeo ❹

Acentor común

Vireo cabecinegro

Hay miles de paseriformes o aves cantoras, más que todo el resto de las aves juntas. La mayoría son pequeñas, con unas patas especiales que se cierran cuando se posan, manteniéndolas en su sitio. De día, la mayoría están ocupadas buscando comida, construyendo sus nidos y cuidando de sus crías. El **suimanga pechiescarlata** ❶ africano se alimenta del dulce néctar de las flores con su

pico curvo. El **cardenal rojo** ❷ vive en Canadá, Estados Unidos y México. En invierno, el brillante plumaje rojo del macho destaca sobre la nieve. El **bailarín azul** ❸ procede de la selva de Brasil. Los machos atraen a las hembras con elaboradas danzas, pero no participan en la formación de la familia. El **mirlo acuático europeo** ❹ de Europa y Asia es una de las aves cantoras que puede sumergirse y nadar. Se

Maluro variegado

Hornero común ⑥

Gallito de las rocas ⑦

Los machos son azules alrededor de los ojos, la garganta y el cuello

Pájaro campana ⑧

Tángara rojinegra migratoria

Los machos se vuelven de color rojo brillante en época de cría

Jejenero rojizo

Pergolero dorado ⑨

Maullador verde

Eurilaima verde

Pico ancho casi cubierto de plumas

Piquituerto ⑩

Tororoí bigotudo

Pájaro moscón

Pinzón

Reinita de manglar

Candelita norteña

alimenta bajo el agua, cazando pequeños animales en ríos y arroyos. El **pita aliazul** ⑤ vive en el sudeste asiático y come insectos del suelo del bosque. El **hornero común** ⑥ de América del Sur construye nidos de barro en forma de pelota de fútbol. Ambos padres ayudan en la construcción del nido, que tiene la entrada en forma de rendija y un pasillo interior curvo. El macho del **gallito de las rocas** ⑦ dedica toda su energía al cortejo y es la hembra la que se ocupa de las crías. El **pájaro campana** ⑧ de América del Sur es una de las aves más ruidosas, con un canto muy agudo. El **pergolero dorado** ⑨ macho atrae a su pareja apilando ramitas alrededor de un árbol bajo. Hacen pérgolas de hasta 2 m de altura, decoradas con frutas y flores. El **piquituerto** ⑩ tiene el pico con las puntas cruzadas.

Pardalote moteado

Escribano lapón

Monarca colilargo africano

Rascador moteado

Mielero escarlata

Pico largo para alimentarse en las flores

⑫ Viuda del paraíso

⑬ Carbonero cabecinegro

Drongo malgache

Carbonero variado

Estrilda común

⑭ Diamante de Gould

Chimbito común

⑯ Ave del paraíso esmeralda chica

⑮ Oropéndola europea

Alcaudón dorsirrojo

Chingolo albinegro

Penachos amarillos por los lados

ESCALA

Las aves paseriformes necesitan alimento de alto valor energético porque son muy activas. El **monarca colilargo africano** ⑪ atrapa insectos en pleno vuelo. La **viuda del paraíso** ⑫ recoge semillas e insectos en el suelo. Durante la época de apareamiento, al macho le crecen unas plumas espectaculares en la cola que pueden medir hasta 3 veces la longitud de su cuerpo. En invierno, el **carbonero**

cabecinegro ⑬ de Norteamérica suele visitar los comederos de pájaros. Como otros carboneros es un gran acróbata que se cuelga boca abajo de las ramas mientras busca insectos y arañas. El multicolor **diamante de Gould** ⑭ come semillas y vive en el norte de Australia. La **oropéndola europea** ⑮ se alimenta básicamente de fruta. Los machos tienen un plumaje muy llamativo, pero es difícil verlos porque se

Tordo cabeza amarilla ⑰

Batis carunculado gorgipardo

Bubú pechirrojo

Iora común

Oropéndola de Baltimore

⑱ Pradero común

Tordo negro común ⑲

Arrendajo verde

Artamo enmascarado

Acantiza reguloide

⑳ Urraca piquirroja

Petroica amarilla

Pies fuertes para posarse

alimentan en las copas de los árboles. El **ave del paraíso esmeralda chica** ⑯ vive en los bosques de Nueva Guinea. Los machos son mucho más coloridos que las hembras y realizan impresionantes exhibiciones de cortejo. El **tordo cabeza amarilla** ⑰ emite un grito que suena como una puerta que chirría. Se reproduce en Norteamérica y en invierno forma enormes bandadas que suelen alimentarse

en los campos de cultivo. El **pradero común** ⑱ es originario de Norteamérica y emite un silbido fuerte. Se alimenta en el suelo, donde busca insectos con su pico puntiagudo. El **tordo negro común** ⑲ pone sus huevos en el nido de otras aves. La **urraca piquirroja** ⑳ roba y se come los huevos y crías de otras aves. Es un córvido, familia a la que pertenecen las aves paseriformes más grandes.

Corvino apóstol

21 Petirrojo europeo

Los adultos tienen el pecho rojo anaranjado

Curruca subalpina occidental

Trepador azul

Estornino espléndido

24 Ampelis europeo

Picaflor del muérdago

Papamoscas azul

25 Mito

22 Golondrina común

Lavandera boyera

23 Chochín hiemal

Avión zapador

Tarabilla común

Leiotrix cariblanco

Algunas de las aves paseriformes recorren grandes distancias, mientras que otras permanecen todo el año en el mismo sitio. El **petirrojo europeo** **21** es uno de los que se queda en casa. Suele vivir en jardines en los que se alimenta de insectos y gusanos. La **golondrina común** **22** atrapa insectos en el aire. Se reproduce en Norteamérica, Europa y Asia, pero se desplaza al sur cuando llega el otoño,

un viaje de ida y vuelta de 20 000 km. El **chochín hiemal** **23** vive en el hemisferio norte. Cuando hace frío suelen juntarse. Se han encontrado más de 60 en una misma caja nido. El **ampelis europeo** **24** procede de los bosques de Europa, Norteamérica y el norte de Asia, pero a veces migra hacia el sur en invierno si los insectos y las bayas escasean. El **mito** **25** forma bandadas invernales que revolotean por las zonas

ESCALA

Mirlo común 26

Zorzal común 27

Anteojitos serrano del Kilimanjaro

Azulejo de garganta azul 28

Agateador norteño

Irena dorsiazul

Picoloro de Webb

Bulbul orfeo

Herrerillo chochín

Gorrión común 30

Sinsote norteño 29

Tejedor castaño

Alas cortas y anchas

Alondra común 31

Perlita común

Plumas exteriores blancas en la cola

boscosas de Europa en fila india. La familia de los túrdidos es famosa por su cantores melodiosos. Incluye el **mirlo común** 26, el **zorzal común** 27 y el **azulejo de garganta azul** 28. Como ocurre con muchas aves paseriformes, el macho del azulejo canta para atraer a las hembras y para mantener alejados a otros machos. El **sinsote norteño** 29 puede llegar a cantar durante horas seguidas. Copia las canciones de otras aves, e incluso algunos de ellos han copiado los tonos de llamada de los móviles. El **gorrión común** 30 ha seguido a los humanos por todas partes y actualmente es el pájaro más extendido. Suele anidar bajo los aleros de los tejados, o bien en cavidades de las paredes. La **alondra común** 31 se alimenta en el suelo, pero canta a gran altura.

213

ALCAUDÓN DORSIRROJO

Este truculento despliegue no es más que su despensa. Es un cazador pequeño pero eficaz al que le gusta clavar a sus presas en pinchos. Así el cuerpo se seca y se descompone poco a poco, por lo que puede reservarlo para más adelante. Come animales más grandes como lagartos arrancando trozos del ejemplar clavado en el pincho.

Tamaño ❯ Hasta 18 cm **Envergadura ❯** 26 cm **Peso ❯** 30 g **Hábitat ❯** Brezales y campos con arbustos espinosos de Europa, y montes bajos secos de África. **Distribución ❯** Asia Central y Occidental y Europa continental. Invierno en África central-meridional. **Dieta ❯** Abejas, escarabajos y otros insectos grandes. También pequeños mamíferos, aves y reptiles. Puede perseguir y cazar insectos en pleno vuelo o lanzarse sobre las presas del suelo. **Reproducción ❯** De final de mayo a inicio de julio. La hembra pone hasta 6 huevos. **Longevidad ❯** Hasta 8 años. **Depredadores ❯** Ninguno conocido. **Estado de conservación ❯** No amenazado, aunque casi ha desaparecido en muchos lugares por la pérdida de hábitats y los pesticidas.

Mamíferos

Todos los mamíferos alimentan a sus crías con leche, que producen unas glándulas especiales presentes en la piel de la madre. Son de sangre caliente y suelen tener pelo, que los protege del frío. La mayoría tienen un cerebro grande en relación con el tamaño de su cuerpo y son capaces de aprender, recordar y establecer relaciones sociales.

Oídos ❯ Tienen unos huesecillos dentro del conducto auditivo. Las ondas sonoras hacen que vibren, enviando señales al cerebro. Gracias a ello tienen muy buen oído.

Pelo ❯ Las criaturas de sangre caliente tienen que aislarse de las temperaturas exteriores. El pelo retiene el aire entre este y la piel, minimizando la pérdida de calor.

Tigre

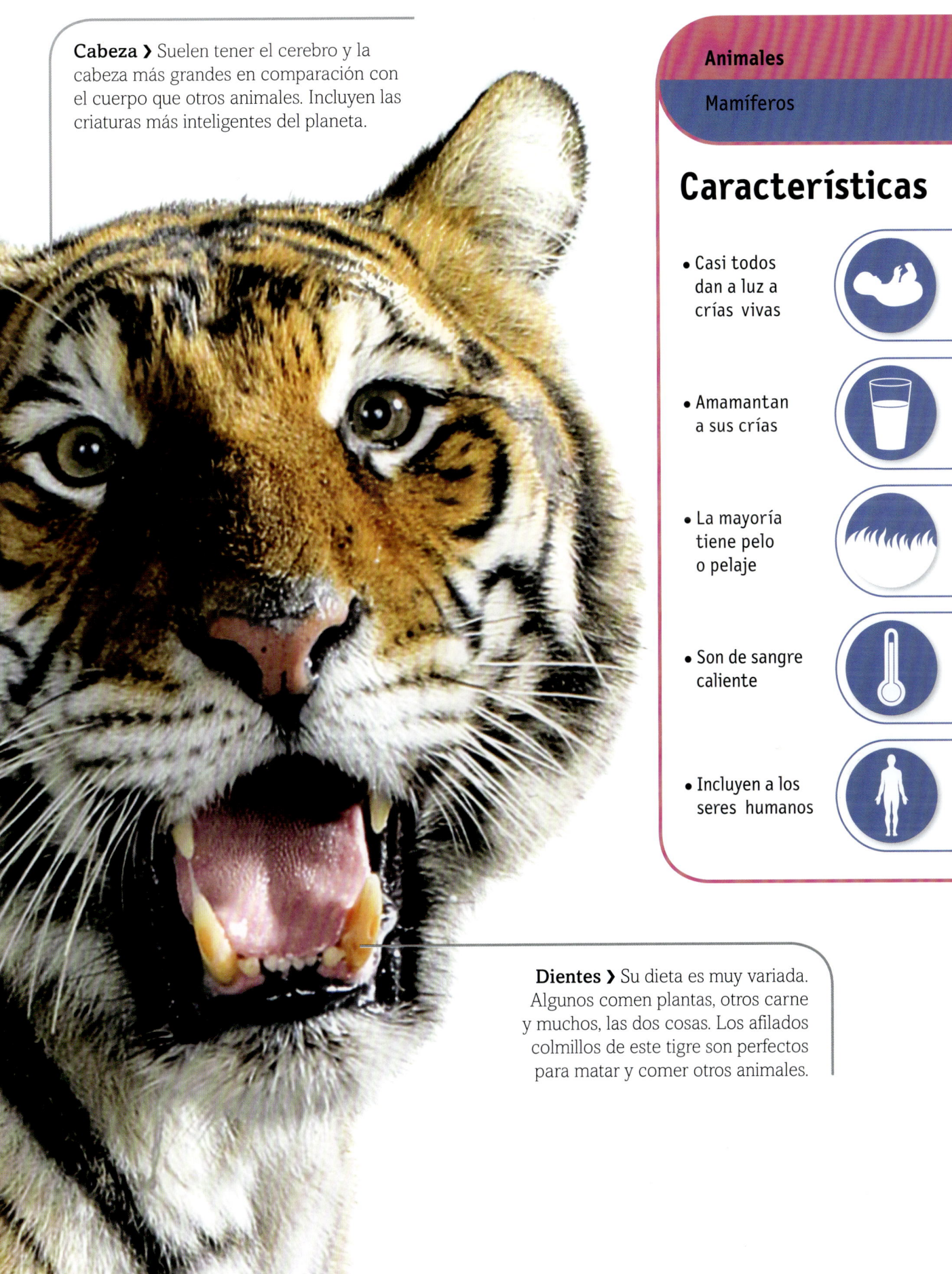

Cabeza › Suelen tener el cerebro y la cabeza más grandes en comparación con el cuerpo que otros animales. Incluyen las criaturas más inteligentes del planeta.

Características

- Casi todos dan a luz a crías vivas

- Amamantan a sus crías

- La mayoría tiene pelo o pelaje

- Son de sangre caliente

- Incluyen a los seres humanos

Dientes › Su dieta es muy variada. Algunos comen plantas, otros carne y muchos, las dos cosas. Los afilados colmillos de este tigre son perfectos para matar y comer otros animales.

Mamíferos con bolsa

Bigotes largos y rígidos
sensibles al tacto

❶ Zarigüeya de Virginia

❷ Ualabí parma

Orejas que giran para
identificar sonidos

❸ Ualabí de cuello rojo

Bettong de cola de cepillo

Cola para transportar
material para el nido

Falangero listado

❹ Falangero mielero

Canguro rata de hocico largo

Cola tupida de
punta blanca

❺ Petauro del azúcar

En vez de crecer dentro de su madre, estos animales, llamados marsupiales, se desarrollan dentro de una bolsa. Nacen muy pronto y localizan la bolsa arrastrándose por el pelaje de su madre. Algunas crías tienen la bolsa para ellas solas, pero las de la **zarigüeya de Virginia** ❶ deben compartirla, ya que pueden ser hasta 12. Viven en Estados Unidos, México y América Central, a menudo en zonas urbanas. La zarigüeya de Virginia es buena trepadora y come por la noche, a veces asaltando los cubos de basura. Los marsupiales también viven en América del Sur, pero la mayoría proceden de Australia. El **ualabí parma** ❷ y el **ualabí de cuello rojo** ❸ tienen potentes patas traseras para saltar, pero el **falangero mielero** ❹ tiene unas zarpas diminutas y una cola delgada. Pesa solo 14 g y es uno de los

Ojos a los lados para una visión más amplia

Cuerpo de oso con patas cortas

① Canguro arborícola de Doria

⑧ Falangero de cola anillada

⑥ Canguro rojo

⑨ Zarigüeya gris de cuatro ojos

La cola le ayuda a mantener el equilibrio al trepar

Canguro rata almizclado

⑩ Zarigüeya lanuda parda

La cola funciona como una hélice

ESCALA

marsupiales más pequeños. Se alimenta de néctar. El **petauro del azúcar** ❺ come insectos, frutos y savia. Puede planear hasta 50 m entre los árboles, usando la piel elástica que tiene entre las patas como paracaídas. El **canguro rojo** ❻ es el marsupial más grande y rápido, con una velocidad máxima de 50 km/h. Las crías del canguro permanecen en la bolsa unos seis meses. El **canguro arborícola de Doria** ❼, de Nueva Guinea, se pasa la vida sin pisar el suelo. Es el marsupial arborícola más pesado y se alimenta de hojas, flores y frutos. El **falangero de cola anillada** ❽ también come hojas, pero la **zarigüeya gris de cuatro ojos** ❾ y la **zarigüeya lanuda parda** ❿ tienen una dieta más variada que incluye insectos, lombrices y huevos de ave. Viven en el continente americano y se alimentan básicamente de noche.

219

⓫ Wómbat de hocico peludo del sur

Una sola cría en la bolsa

⓮ Bilbi mayor

Orejas grandes

⓭ Numbat

Rompe los termiteros con sus fuertes manos

⓬ Wómbat común

Los marsupiales de Australia pueden presentar distintas formas y tamaños. Algunos viven en árboles, pero también los hay excavadores que viven y se alimentan en el suelo. El **wómbat de hocico peludo del sur** ⓫ cava una red de túneles y sale por la noche para alimentarse de hierba. Las madrigueras pasan de una generación a otra y pueden tener más de 50 años. El **wómbat común** ⓬ es más grande y fuerte. Como otros wómbats, tiene la bolsa abierta hacia atrás, para que no le entre tierra cuando excava y para proteger a las crías de raíces y ramitas. El **numbat** ⓭ vive en bosques y se alimenta de termitas. Puede comer 20 000 al día con su larga lengua pegajosa. El **bilbi mayor** ⓮ es uno de los marsupiales de Australia más curiosos, con sus orejas de conejo, su hocico puntiagudo y su largo pelo sedoso.

⑯ Koala

⑮ Diablo de Tasmania

Se sujeta a las ramas con pies y manos

⑰ Cuol occidental

Ojos saltones para la caza nocturna

⑱ Pósum de cola de cepillo

Bandicut marrón meridional

⑲ Cuscús moteado

El macho tiene manchas

Garras fuertes y curvas

Bandicut oriental

Vive en regiones secas y cava madrigueras que descienden en espiral, lo que dificulta el acceso a los depredadores. El **diablo de Tasmania** ⑮ es el marsupial carnívoro más grande. Tiene un pesado cuerpo, mandíbulas fuertes y dientes afilados. Es sobre todo un carroñero que se traga la piel e incluso los huesos de los animales muertos. El **koala** ⑯, mucho más atractivo y conocido, vive en los eucaliptos y se alimenta de sus hojas. Come durante unas seis horas al día y el resto del tiempo duerme. El **cuol occidental** ⑰ está activo por la noche, mientras que el **pósum de cola de cepillo** ⑱ vive en bosques tupidos y duerme en árboles huecos. El **cuscús moteado** ⑲ también vive en los árboles y su cola está adaptada para agarrarse a las ramas. La hembra lleva las crías en la espalda una vez que salen de la bolsa.

221

Armadillos, perezosos y osos hormigueros

ESCALA

Armadillo de cola desnuda

Las placas protectoras no cubren la cola

Armadillo peludo

Parte inferior cubierta de pelo

② Pichi

Armadillo de tres bandas brasileño ①

Armadillo gigante

③ Armadillo de nueve bandas

④ Oso hormiguero gigante

Hocico largo sin dientes

Armadillo amarillo

Los armadillos son los únicos mamíferos que tienen una armadura protectora. Está formada por bandas flexibles que les permiten doblar el cuerpo. Algunos, como el **armadillo de tres bandas brasileño** ①, pueden enrollarse como una bola. El **pichi** ② se refugia en su madriguera para que no puedan alcanzarlo. La mayoría viven en América Central y del Sur, pero el **armadillo de**

nueve bandas ③ vive incluso tan al norte como Estados Unidos. Su vida familiar es muy peculiar ya que cada vez que se aparea tiene cuatrillizos idénticos. Se alimentan sobre todo de hormigas y termitas, aunque comen otros animales, como larvas y gusanos. El **oso hormiguero gigante** ④ es uno de los mamíferos insectívoros más grandes y se zampa unas 30 000 hormigas al día. Rompe los hormigueros o termiteros

Perezoso de dos dedos de Linnaeus ❺

Perezoso de collar

❻ Perezoso bayo

Tamandúa norteño

Armadura dura de escamas superpuestas

❽ Pangolín terrestre

Hormiguero pigmeo ❼

Pangolín de cola larga

Cola prensil para agarrarse a las ramas

Oso melero

❾ Pangolín indio

con las garras y atrapa a sus presas con la pegajosa lengua de 60 cm de largo. Los osos perezosos son parientes lejanos de los osos hormigueros, pero se cuelgan de las ramas y se alimentan de hojas. El **perezoso de dos dedos de Linnaeus** ❺ nunca tiene prisa y el **perezoso bayo** ❻ es uno de los mamíferos más lentos. Su velocidad máxima es de unos 0,3 km/h y come, duerme e incluso da a luz boca abajo. El **hormiguero pigmeo** ❼ de América Central y Sudamérica tropical puede trepar como un perezoso. Las grandes garras curvas delanteras y la cola prensil le ayudan a vivir en los árboles y a anidar en sus oquedades. Los pangolines son inconfundibles con sus escamas superpuestas. El **pangolín terrestre** ❽ y el **pangolín indio** ❾ están tan bien protegidos que incluso mantienen a raya a tigres y leones.

223

Erizos y topos

ESCALA

Erizo del desierto ①

Orejas largas para
mantenerse fresco

Erizo orejudo

② Erizo moruno

Cola larga
y peluda

Erizo sudafricano

③ Erizo común

④ Musaraña enana

Musgaño patiblanco

⑤ Musaraña orejillas mínima

Al ponerse el sol, los erizos salen en busca de comida. Con sus más de 5000 púas afiladas, escarban por el sotobosque y se enrollan como una bola punzante si se sienten amenazados. Comen animalillos, frutos y carroña. El **erizo del desierto** ① de África y Oriente Medio suele preferir insectos y sus larvas, pero puede atrapar escorpiones y serpientes venenosas. El **erizo moruno** ② da a luz unas

seis crías cada vez que se reproduce. Al principio sus púas son blandas, pero en un día se endurecen. El **erizo común** ③ vive en muchos hábitats distintos, entre ellos granjas y jardines. A pesar de su aspecto, trepa por verjas y muros sin sufrir daños. La **musaraña enana** ④ tiene una mordida brutal. Solo mide 5 cm de largo, pero puede atacar a lombrices varias veces más grandes. La **musaraña orejillas**

Desmán ibérico

⑥ Solenodonte español

Patas delanteras con fuertes garras para cavar

① Rata lunar

Topo japonés pequeño

Musaraña alpina

⑧ Topo común

Tentáculos sensibles para encontrar comida

Musaraña bicolor

Musgaño de dientes blancos

Crocidura cyanea

Ojos diminutos

⑨ Topo de nariz estrellada

Musaraña septentrional de cola corta

Musaraña gris

mínima ⑤ es casi igual de pequeña y tienen una saliva venenosa que le ayuda a vencer a sus presas. El **solenodonte español ⑥** parece una musaraña gigante. Solo se encuentra en La Española, una isla del Caribe. La **rata lunar ⑦** del sudeste asiático está emparentada con los erizos. Come fruta y animales. El **topo común ⑧** vive bajo el suelo y cava túneles con las patas delanteras, que tienen forma de pala.

Se alimenta de lombrices. Las almacena en una especie de despensa especial y les arranca la cabeza para que no se escapen. El **topo de nariz estrellada ⑨** de Norteamérica busca comida con los 22 tentáculos rosas que tiene en la punta de la nariz. Es un buen nadador y sorprendentemente rápido. Tarda un cuarto de segundo en localizar y atrapar a sus presas.

ELEFANTES AFRICANOS
Los elefantes son los animales terrestres más grandes y disponen de una trompa, que usan para respirar, oler y barritar, pero también para agarrar y mover objetos, o para sorber agua. Sus enormes orejas irradian calor para mantenerlos frescos. Son conocidos por su inteligencia y establecen fuertes lazos familiares.

Tamaño > Machos hasta 4 m de alto y hembras hasta 2,6 m
Peso > Machos hasta 6 toneladas y hembras hasta 3,2.
Hábitat > Sabana. **Distribución >** África subsahariana **Dieta >**
Hojas y corteza de los árboles, y hierba. Pueden engullir
hasta 160 kg de comida al día. **Reproducción >** La hembra
da a luz a una cría cada dos a cuatro años. Las manadas de
elefantes están formadas básicamente por hembras y el resto
puede ayudar a la madre a cuidar de la cría. **Longevidad >**
Alrededor de 60 años en libertad. **Depredadores >** Los
adultos no tienen. Las crías pueden ser atacadas por leones,
leopardos, hienas o cocodrilos. **Estado de conservación >**
Vulnerables, ya que se cazan por sus colmillos de marfil.

Conejos, liebres y picas

① Conejo belier

② Conejo de Angora

③ Conejo común

Su suave pelaje se usa para hacer lana

Conejo enano

⑤ Liebre común

Conejo de pantano

④ Conejo de Florida

⑥ Liebre ártica

ESCALA

Los conejos y las liebres tienen multitud de depredadores, pero sus excelentes sentidos y sus patas les dan cierta ventaja. Al primer indicio de peligro, la mayoría de los conejos salen disparados hacia sus madrigueras. Las liebres, en cambio, se alejan a 80 km/h. Los conejos y las liebres tienen las orejas y los dientes frontales grandes, y se alimentan exclusivamente de plantas. Hay más de 50 especies de conejos. Entre ellas el **conejo belier** ①, cuyas orejas pueden medir 70 cm de largo, y el **conejo de Angora** ②, muy apreciado por su pelo largo y suave. Estas dos razas, y otras muchas, descienden del **conejo común** ③, que lleva cientos de años criándose en cautividad. En libertad, los conejos comunes viven en grandes sistemas de madrigueras llamados conejeras. Se reproducen increíblemente rápido;

Conejo de ciénaga

Pica americana ⑧

Patas cortas y sin cola

Liebre de cola blanca

Ojos grandes para cazar por la noche

⑦ Liebre de montaña

⑨ Liebre antílope

Orejas grandes para oír y estar fresco

Liebre de El Cabo

Ojos separados para tener visión panorámica

⑩ Liebre americana

Conejo de los pantanos

El pelaje se vuelve blanco en invierno

crían hasta 40 crías, o gazapos, al año. El **conejo de Florida** ④ se parece al conejo común, pero se reproduce en el suelo. Las liebres suelen ser más grandes que los conejos. La **liebre común** ⑤ es marrón todo el año, pero otras, como la **liebre ártica** ⑥ y la **liebre de montaña** ⑦, se vuelven blancas en invierno para camuflarse en la nieve. Las picas son parientes de los conejos y las liebres, pero son más pequeñas

y tienen las orejas cortas. La **pica americana** ⑧ vive en madrigueras en las montañas. Para sobrevivir al invierno, recoge plantas y las seca para comérselas cuando escasee la comida. La **liebre antílope** ⑨ es la liebre de orejas más grandes. Las orejas y las zarpas de la **liebre americana** ⑩ están cubiertas de pelaje denso, para mantenerla caliente durante los gélidos inviernos de Canadá y Alaska.

Roedores

① Ardilla gris oriental

Ardilla terrestre de El Cabo

Sus patas delanteras son muy ágiles

② Ardilla común

④ Marmota

Perrito de la pradera de cola negra

Ardilla gigante gris

③ Ardilla voladora del sur

Alas cutáneas para planear

Cola larga para mantener el equilibrio

Ardilla listada del este americano

⑤ Capibara

Topillo campesino

Los roedores superan en número al resto de los mamíferos de la Tierra. Viven prácticamente en cualquier lugar, tanto en tierra firme como en agua dulce. La mayoría se alimentan de plantas. Sus dientes frontales crecen sin parar, lo que les permite roer la comida y cualquier cosa que se encuentre en su camino. La **ardilla gris oriental** ① es una experta trepadora con ágiles patas delanteras. Es originaria de Norteamérica y ha desplazado a la **ardilla común** ② en muchas zonas de las islas británicas. La ardilla común mantiene el equilibrio con ayuda de su larga cola mientras salta de árbol en árbol. La **ardilla voladora del sur** ③ planea entre los árboles con ayuda de los pliegues cutáneos. Puede desplazarse casi 30 m planeando y aterrizar justo en el blanco incluso de noche. La **marmota** ④ vive en

Jerbo de Egipto

6 Castor

Ratón saltarín de las praderas

1 Ratón de bolsillo del desierto

Lirón africano

Liebre saltadora de El Cabo

Rata canguro de Merriam

Cola en forma de remo para nadar y hacer señas a otros castores

8 Agutí de Azara

Patas largas para correr rápido

Patas traseras de canguro

9 Lemming de Noruega

Rata almizclera

Hámster enano de Roborovski

10 Hámster dorado

ESCALA

madrigueras de montaña e hiberna unos nueve meses al año. El roedor más grande es la **capibara** 5 de los pantanos de Sudamérica. Tiene el tamaño de un cerdo pequeño. Para escapar de sus enemigos, se sumerge en el agua, donde puede aguantar la respiración cinco minutos. El **castor** 6 es buen nadador y es famoso por las presas que construye. La más grande registrada, en Canadá, mide 850 m de largo y

se localizó vía satélite. Otros muchos roedores, como el **ratón de bolsillo del desierto** 7, obtienen el agua del alimento. El **agutí de Azara** 8 de Sudamérica solo tiene dos crías, pero el **lemming de Noruega** 9 puede tener más de 50 al año. Cuando la madriguera está atestada, los lemmings jóvenes cruzan la tundra ártica en busca de comida. El **hámster dorado** 10 de Oriente Medio es una mascota muy común.

⑪ Conejillo de Indias

Cuerpo grueso sin cola

Dientes largos para excavar túneles

⑫ Rata topo desnuda

⑬ Chinchilla

⑭ Mara

Ratón espiguero

Jerbo azul

⑮ Rata parda

Espinas cortas y gruesas

Puercoespín arborícola

Ratón de campo

Gofer de bolsillo de Botta

⑯ Ratón doméstico albino

Entre los roedores hay algunos animales raros y otros corrientes en todo el mundo. El **conejillo de Indias** ⑪ de Sudamérica se criaba como alimento, pero actualmente es una mascota muy popular, con muchas razas distintas. La **rata topo desnuda** ⑫ del este de África vive en grandes familias y se pasa la vida cavando túneles subterráneos. Es uno de los mamíferos de aspecto más raro, con sus grandes dientes frontales, su piel desnuda y arrugada, y sus ojos diminutos. La **chinchilla** ⑬ tiene un pelaje suntuoso que la protege del frío. Se encuentra en los Andes y se caza por su pelaje. Está en peligro de extinción en libertad. La **mara** ⑭ parece una liebre. Vive en los pastizales de Sudamérica y es uno de los roedores más veloces, ya que brinca a 45 km/h. La **rata parda** ⑮ es una plaga mundial. Versátil e inteligente,

Pelaje tupido para protegerse del frío

⑰ Vizcacha de la sierra

⑱ Coipo

Las púas se sueltan y se clavan en la piel del atacante

⑲ Rata damán

Pies desnudos para agarrarse bien

Degú

⑳ Puercoespín crestado

sobrevive en todo tipo de hábitats, desde islas remotas a alcantarillas urbanas. Buena trepadora y nadadora, come prácticamente de todo, incluidos huevos, semillas, piel o jabón. El **ratón común** ⑯ es otro roedor que vive junto al ser humano, aunque fuera de su vista. Esta en todos los continentes excepto la Antártida y se ha hallado a bordo de aviones y en minas profundas. La **vizcacha de la sierra** ⑰

es un pariente cercano de la chinchilla y vive en las montañas. El **coipo** ⑱ se alimenta en lagos y pantanos. La **rata damán** ⑲ vive en laderas rocosas. Tiene el cráneo aplanado y las costillas flexibles para colarse por las grietas. El **puercoespín crestado** ⑳ es el roedor que está mejor armado. Si se siente amenazado, se defiende con sus afiladas púas huecas.

Gálagos, lémures y tarseros

Lémur saltador de pies blancos ❶

Sifaca de Coquerel ❸

La madre lleva las crías en la espalda

Sifaca coronado ❷

Gálago de Senegal ❹

Gálago moholi ❺

Patas traseras fuertes para saltar

Lémur de cola anillada ❻

Gálago de cola ancha

Lémur mangosta

Cola larga para mantener el equilibrio

Los gálagos y sus parientes pertenecen a un grupo de mamíferos llamado primates, que incluye a monos, simios y humanos. La mayoría viven en los árboles y todos tienen ojos que miran hacia delante, lo que les permite valorar distancias en tres dimensiones. Los gálagos proceden de África, pero los lémures solo pueden encontrarse en Madagascar. Existen muchos tipos distintos de lémures,

cada uno con su estilo de vida. El **lémur saltador de pies blancos** ❶ se alimenta básicamente de hojas, pero el **sifaca coronado** ❷ también come fruta, flores y corteza. El **sifaca de Coquerel** ❸ es un trepador acrobático, incluso con una cría a cuestas. El **gálago del Senegal** ❹ y el **gálago moholi** ❺ salen por la noche. Pueden saltar 25 veces la longitud de su cuerpo. Al **lémur de cola**

⑦ Lémur rufo blanco y negro

Lémur de vientre rojo

⑧ Loris perezoso

Ojos frontales para una buena visión espacial

Loris lento pigmeo

Tarsero fantasma

Loris esbelto rojo

Puede girar la cabeza 180 grados

Tarsero de Horsfield

Poto

Lémur ratón gris

Lémur enano mayor

⑩ Aye-aye

⑨ Tarsero filipino

Almacena grasa en la cola en la estación lluviosa

ESCALA

Dedo fino para extraer larvas de la madera

anillada ⑥ se le da bien trepar, pero pasa la mayor parte del tiempo en el suelo. Es muy sociable y forma grupos. El **lémur rufo blanco y negro** ⑦ es el más grande con sus 60 cm de largo, pero solo pesa unos 4 kg, como un gato. Los loris comen plantas e insectos de los bosques tropicales de Asia. El **loris perezoso** ⑧ deambula por las ramas cuando se pone el sol. El **tarsero filipino** ⑨ es un primate de bolsillo con unos ojos enormes y penetrantes. Como otros tarseros, salta sobre los insectos en la oscuridad y los mastica con sus afilados dientes. El **aye-aye** ⑩ de Madagascar es el primate más raro del mundo, con sus delgadas manos y su pelaje ralo. Se alimenta de fruta, huevos e insectos, y con su dedo corazón superlargo extrae larvas de insecto de la madera.

Gibones, simios y humanos

Gibón gris

ESCALA

① Gibón hoolock

Gibón plateado

② Siamang

Brazos mucho más largos que las patas

③ Gibón de manos blancas

Gibón de mejillas beige del sur

Gibón ágil

⑤ Gorila occidental

④ Gibón de mejillas blancas del norte

La cría color crema se oscurece con dos años

Gibón de cresta negra occidental

El grupo de los gibones y los simios incluye a nuestros parientes más cercanos. No solo se parecen a las personas, sino que son extremadamente inteligentes. El **gibón hoolock** ① vive en el sur y el sudeste de Asia, que es donde se encuentran todos los gibones salvajes. Como otros gibones, usa las manos a modo de ganchos para saltar de rama en rama, recorriendo el bosque a la misma velocidad que un hombre corriendo. El **siamang** ② es el gibón más grande. Come hojas y frutos, y empieza el día con un potente coro que se oye desde lejos. La piel de su garganta es elástica y se hincha hasta tener el tamaño de un pomelo, amplificando sus gritos. El **gibón de manos blancas** ③ es negro o marrón, pero el **gibón de mejillas blancas del norte** ④ inicia su existencia con un pelaje cremoso y se

Los machos adultos tienen una «silla» de pelo plateado

6 Gorila oriental

7 Chimpancé

8 Orangután de Sumatra

Puede agarrarse con pies y manos

Macho humano

Hembra humana

9 Orangután de Borneo

Bonobo

oscurece con la edad. Los gorilas proceden de África y pasan la mayor parte del tiempo en el suelo. El **gorila occidental** 5 puede pesar el triple que un hombre adulto, pero el **gorila oriental** 6 es todavía más grande y pesa 220 kg. Pese a su tamaño, los gorilas son herbívoros pacíficos y no suelen atacar a los humanos si no amenazan a sus crías. El **chimpancé** 7, también de África, es el primate más parecido a nosotros.

Vive en grupos grandes y come todo tipo de alimentos, desde termitas a monos. El **orangután de Sumatra** 8 y el **orangután de Borneo** 9 comen fruta y son del sudeste asiático. Como los chimpancés, son muy inteligentes, y son buenos resolviendo problemas y fabricando herramientas sencillas. Los **humanos** 10 son los únicos primates vivos que andan erguidos. Somos más de 7000 millones.

ORANGUTANES
Estos simios son uno de nuestros parientes más cercanos. Su nombre significa «persona del bosque» en malayo. Estos tímidos moradores de las copas de los árboles son muy inteligentes. Sus largos brazos y sus pies y manos flexibles les ayudan a desplazarse por los árboles en busca de fruta y otros alimentos. Las crías permanecen con su madre unos siete años, aprendiendo todo lo necesario para sobrevivir.

Tamaño ❯ Machos hasta 1,5 m; hembras hasta 1,3 m de alto.
Peso ❯ Machos 50-80 kg; hembras 30-45 kg **Hábitat ❯** Bosque
tropical. Son animales solitarios, pero las hembras y sus crías
pueden ser vistas juntas. **Distribución ❯** Bosque tropical en
Borneo y norte de Sumatra, Indonesia. **Dieta ❯** Básicamente
higos y otros frutos, hojas, algún insecto, miel y huevos de ave.

Reproducción ❯ Empiezan a reproducirse sobre los 15 años.
Las hembras dan a luz cada 8 años y las crías permanecen
con ellas 6 o 7 años. **Longevidad ❯** Hasta 50 años en
libertad y 60 años en cautividad. **Depredadores ❯** Tigres.
Estado de conservación ❯ En peligro crítico debido a la
pérdida de hábitats.

Monos del nuevo mundo

Mono ardilla boliviano ❶

Cola larga para mantener el equilibrio

Mono ardilla común

Tamarino de Goeldi

Saki cariblanco ❷

Mono araña colombiano

Guacarí calvo ❸

Pelo largo impermeable

Marikiná norteño ❹

Titi de collar

Titi común

Titi pigmeo ❺

Larga cresta blanca

Tamarino algodonoso

Saki barbudo negro

Los monos del nuevo mundo proceden de América Central y del Sur. Muchos tienen la nariz plana y una cola que enrollan en las ramas como si fuera una mano más. El **mono ardilla boliviano** ❶ vive en grandes grupos en la copa de los árboles, donde se alimenta de frutos e insectos. Tiene más de dos docenas de gritos distintos, entre ellos sonidos de alarma que usa si ve algún depredador,

como un águila o una serpiente. El **saki cariblanco** ❷ tiene el pelo desgreñado y se alimenta más cerca del suelo. El **guacarí calvo** ❸ parece que se ha afeitado la cabeza. Se cree que su cara roja es un reclamo para atraer a posibles parejas. La mayoría de los monos del nuevo mundo comen durante el día, pero el **marikiná norteño** ❹ se levanta cuando ya ha oscurecido y está especialmente activo las

⑥ Mono araña muriqui del sur

⑦ Mono aullador rojo

Su garganta funciona como un amplificador

Titi emperador

Con la cola prensil puede agarrarse a las ramas

⑧ Tamarino león dorado

Mono capuchino

Melena larga y sedosa

⑨ Mono lanudo gris

⑩ Capuchino cariblanco panameño

Tamarino león de cabeza dorada

ESCALA

noches de luna llena. El **tití pigmeo** ⑤ es el mono más pequeño. Como otros titíes, corretea por las ramas y tiene afiladas garras en las manos. Hace orificios en la corteza de los árboles y lame la savia que rezuma. El **mono araña muriqui del sur** ⑥ es el mono del nuevo mundo más grande. El **mono aullador rojo** ⑦ es el animal terrestre más ruidoso, con un bramido que puede oírse a 5 km de distancia. Los aulladores viven en los árboles y comen hojas. Gritan al amanecer para marcar su territorio alimenticio. El **tamarino león dorado** ⑧ es uno de los monos que está en una situación más crítica. Fue salvado de la extinción en la década de 1980, cuando quedaban menos de 100. El **mono lanudo gris** ⑨ vive en los árboles, pero el **capuchino cariblanco panameño** ⑩ a veces se alimenta en el suelo.

Monos del viejo mundo

ESCALA

Cercopiteco de L'Hoest ①

Macaco Rhesus ②

Cercopiteco de Brazza ③

Mono narigudo ④

La nariz del macho es más grande

Mono azul

Mono patas ⑤

Los monos del viejo mundo viven en África y en Asia hasta Japón por el norte. La mayoría viven en los árboles, aunque los babuinos pasan la mayor parte del tiempo en el suelo. A diferencia de los monos del nuevo mundo, no pueden agarrarse con la cola, pero hay algunos buenos trepadores y el más rápido a cuatro patas. El **cercopiteco de L'Hoest** ① de África Central vive en bosques de montaña.

Se alimenta de frutos y hojas, y dispone de unas bolsas en las mejillas para almacenar comida. El **macaco Rhesus** ② se encuentra en Asia meridional, Tailandia y China. Vive en todo tipo de hábitats. El **cercopiteco de Brazza** ③ de África tiene una larga barba blanca, mientras que el **mono narigudo** ④ de Borneo tiene una enorme nariz carnosa, vive en pantanos de manglares y es buen nadador y buceador. Saltan desde una

Macaco de Sri Lanka

Macaco cola de cerdo sureño

6 Babuino oliva

8 Cercopiteco verde

7 Babuino sagrado egipcio

Langur gris moñudo

*Extremidades musculosas
para desplazarse rápido*

*Cola larga para
mantener el equilibrio*

9 Babuino amarillo

10 Mandril

*Las hembras son
más pequeñas
que los machos*

altura de 15 m y se zambullen en el agua con gran estrépito. El **mono patas** 5 vive en el suelo y es un gran corredor, con una velocidad máxima de 55 km/h. Los babuinos también proceden de África, pero tienen dientes grandes y complexión más pesada. El **babuino oliva** 6 busca comida en los pastizales abiertos, y el **babuino sagrado egipcio** 7 vive en lugares rocosos. Si un grupo de babuinos se siente amenazado,

los machos más grandes se enfrentan al enemigo, para que el resto pueda escapar. El **cercopiteco verde** 8 come insectos y plantas. Uno de sus depredadores es el **babuino amarillo** 9, que se alimenta de pequeños monos. El **mandril** 10 de África occidental tiene la cara azul y roja. Vive en grupos gigantes llamados hordas, de hasta 800 ejemplares, todo un récord para un primate.

243

Murciélagos

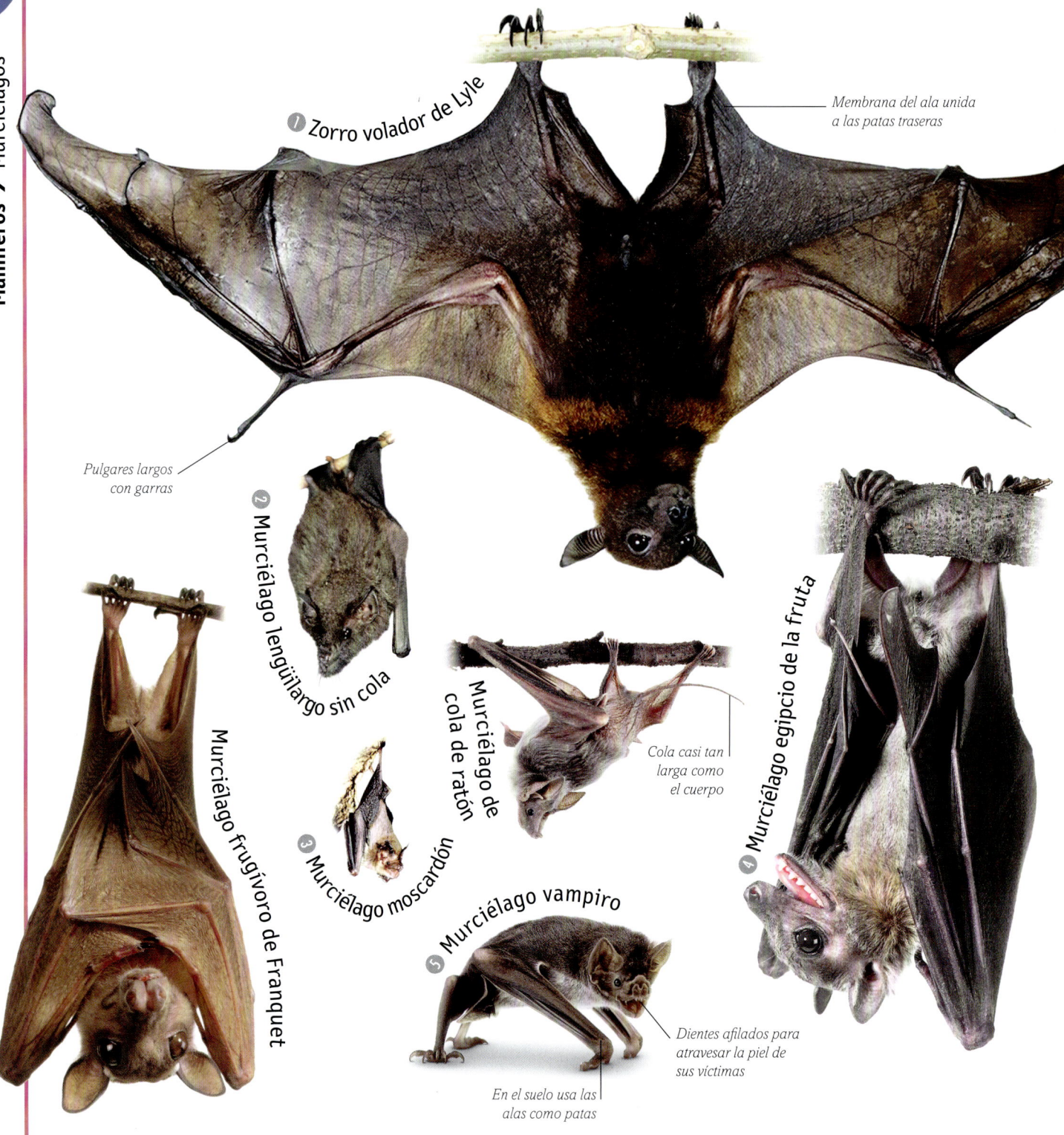

① Zorro volador de Lyle

Membrana del ala unida a las patas traseras

Pulgares largos con garras

② Murciélago lengüilargo sin cola

Murciélago frugívoro de Franquet

③ Murciélago moscardón

Murciélago de cola de ratón

Cola casi tan larga como el cuerpo

④ Murciélago egipcio de la fruta

⑤ Murciélago vampiro

Dientes afilados para atravesar la piel de sus víctimas

En el suelo usa las alas como patas

Muchos pequeños mamíferos pueden planear, pero los murciélagos son los únicos que pueden volar usando la fuerza muscular para batir las alas. Sus alas están formadas por la piel que se extiende entre los huesos de las falanges. Los murciélagos pequeños suelen alimentarse de insectos voladores, pero los más grandes comen frutos, que localizan gracias a su aguda vista y a su excelente olfato. El **zorro volador de Lyle** ① es frugívoro y vive en los bosques del sudeste asiático. Debe su nombre a su cara de zorro, durante el día suele estar descansando boca abajo en los árboles y usa sus grandes pulgares con garras para desplazarse por las ramas. El **murciélago lengüilargo sin cola** ② procede de América Central y del Sur, y se alimenta de néctar. El **murciélago moscardón** ③ de Tailandia y Myanmar caza

ESCALA

6 Gran zorro volador

Murciélago narigón

7 Zorro volador de anteojos

Ojos grandes para ver en la oscuridad

Cuando descansa, las alas envuelven el cuerpo

8 Murciélago de la fruta de Wahlberg

9 Murciélago pequeño de herradura

Murciélago frutero común

La nariz ayuda en la ecolocalización

insectos, que atrapa en pleno vuelo o coge de las plantas. Es el mamífero más pequeño. El **murciélago egipcio de la fruta** 4 come fruta, pero el legendario **murciélago vampiro** 5 de América Central y del Sur bebe la sangre de mamíferos y aves. Silencioso y escurridizo, se posa sobre su víctima, le hace un corte en la piel con sus afilados dientes y le chupa la sangre. El **gran zorro volador** 6 es uno de los

murciélagos más grandes, con una envergadura de 1,5 m. Como el **zorro volador de anteojos** 7, de Australia y Nueva Guinea, sale a comer cuando anochece, para lo que se desplaza hasta 50 km. El **murciélago de la fruta de Wahlberg** 8 es un frugívoro de África, pero el **murciélago pequeño de herradura** 9 es insectívoro. Tiene el cuerpo pequeño y las alas grandes.

245

⑩ Nóctulo común

⑪ Murciélago orejudo gris

La piel entre las patas y la cola le ayuda a volar

⑫ Murciélago ratonero gris

⑬ Murciélago orejón

Murciélago ratonero grande

Huesos de falange delgados

⑭ Murciélago ribereño

Murciélago de espalda desnuda

La mayoría de los micromurciélagos se alimentan de insectos voladores, que cazan por la noche. Tienen los ojos pequeños y localizan a sus presas mediante la ecolocalización: usan ráfagas de sonidos de alta frecuencia para crear una «imagen» del entorno. El **nóctulo común** ⑩ de Europa y Asia consigue la mayor parte de la comida en el aire. También en las hojas y en el suelo. El **murciélago**

orejudo gris ⑪ de Europa tiene unas orejas casi tan largas como el cuerpo. Durante el invierno, cuando hiberna, las mete con cuidado bajo las alas. El **murciélago ratonero gris** ⑫ de Europa hiberna en cuevas y minas. Mientras lo hace su temperatura corporal baja a 2 °C y respira una vez cada hora. El **murciélago orejón** ⑬ vive en América Central y del Sur, donde hace calor todo el año. Descansa

15 Murciélago rabudo

16 Murciélago común

Murciélago moreno

Murciélago de borde claro

17 Murciélago fantasma

Murciélago ratonero patudo

18 Murciélago de ventosas buchiblanco

Ventosa para agarrarse a las hojas

Murciélago de Nathusius

en pequeños grupos, pero algunos de sus parientes duermen y se reproducen en enormes colonias, de un millón o más. El **murciélago ribereño** 14 caza insectos en la superficie de lagos y charcas, sobre todo al amanecer y al atardecer. El **murciélago rabudo** 15 tiene cola de ratón y se pasa toda la noche volando. El **murciélago común** 16 es el murciélago más pequeño de Europa. Suele descansar en viejos edificios y caza alrededor de las farolas, atrapando insectos que acuden atraídos por la luz. El **murciélago fantasma** 17 es la especie depredadora más grande de Australia. Además de cazar insectos, come ranas, lagartos, aves e incluso otros murciélagos. El **murciélago de ventosas buchiblanco** 18 vive en los bosques de América Central y del Sur. Se sujeta bajo las hojas con las ventosas.

MURCIÉLAGO BLANCO HONDUREÑO
Es de América Central y su pelaje blanco hace que parezca una borla de algodón. Tiene llamativas orejas doradas, alas negras y hocico con la parte superior puntiaguda. Suelen estar acurrucados en una colonia de entre cuatro y ocho ejemplares, descansando bajo una hoja de *Heliconia* convertida en tienda de campaña.

Tamaño › 3,5-4,5 cm **Peso ›** Unos 6 g **Hábitat ›** Bosques tropicales. Mastican los nervios de las hojas de *Heliconia* de modo que ambos lados caen hacia abajo formando una tienda de campaña, en la que descansan protegidos del sol, la lluvia y los depredadores. **Distribución ›** Regiones bajas de América Central. **Dieta ›** Fruta. **Reproducción ›** Las hembras tienen una cría en la estación lluviosa. El macho y la hembra están juntos hasta que nacen las crías y luego los machos se van. Las crías maman 20-21 días. **Depredadores ›** Serpientes y pequeños mamíferos como zarigüeyas. **Estado de conservación ›** La cantidad ha disminuido mucho en los últimos años debido a la destrucción de su hábitat.

Perros, zorros y familia

① Chihuahua

Dálmata

Orejas grandes y redondeadas

③ Perro salvaje africano

② Husky

Perro de monte

④ Coyote

Dole

Chacal de lomo negro

Perro mapache

⑤ Dingo

«Antifaz» negro y hocico blanco

Los perros y los zorros son grandes cazadores, aunque la mayoría también comen plantas y carroña. Los perros descienden de los lobos, que fueron domesticados por los humanos. Actualmente hay cientos de razas distintas de perro, desde el **chihuahua** ①, el perro doméstico más pequeño, hasta al robusto **husky** ②, que se usa para tirar de los trineos y que puede trabajar a temperaturas de -50 °C.

Los huskies son los únicos mamíferos, aparte de los humanos, que han estado en el Polo Norte y el Polo Sur. El **perro salvaje africano** ③ vive en manadas muy organizadas, criando a los cachorros conjuntamente y cazando en grupo para atrapar animales mucho más grandes. Cada perro salvaje tiene su propio diseño, que es único. Los **coyotes** ④ proceden de América Central y del Norte. Cazan en solitario, en parejas

Zorro de Blanford

Zorro ártico

El pelaje blanco invernal se vuelve marrón o azul en verano

ESCALA

1 Zorro común

Zorro orejudo

Zorro cangrejero

Las orejas disipan el calor

Lobo de crin

8 Fénec

Lobo etíope

Chacal común

El pelo grueso atrapa el calor y mantiene el cuerpo caliente

Patas muy largas y cubiertas de pelo negro

Lobo ártico

9 Lobo

o en manada, y pueden correr a 65 km/h. El **dingo** 5 fue introducido en Australia desde Asia hace unos 4000 años. Caza pequeños animales en solitario, pero se agrupa para atacar a los canguros. El **zorro ártico** 6 está preparado para vivir en el norte extremo. En invierno su pelaje se vuelve blanco y caza en el hielo. El **zorro común** 7 es uno de los depredadores más extendidos y se da en el hemisferio norte.

A menudo vive en las ciudades, donde se alimenta de restos de comida de cubos de basura y vertederos. El **fénec** 8 es más pequeño que un gato. Caza roedores e insectos, que localiza con sus enormes orejas. El **lobo** 9 es el miembro más grande de la familia de los perros. Vive en manadas y se comunica con un particular aullido que es bien audible desde la lejanía.

Osos

ESCALA

❶ Oso tibetano

Mancha blanca en el pecho

❷ Oso negro americano

Gracias a sus fuertes patas puede andar erguido

❸ Oso pardo

❹ Oso grizzly

Pelos más claros en la punta que en la base

Legendarios por su tamaño y su fuerza, los osos son uno de los mamíferos terrestres más grandes. La mayoría se mantienen alejados de los hombres, pero algunos son extremadamente peligrosos, especialmente cuando están hambrientos o protegen a sus oseznos. El **oso tibetano** ❶ vive en bosques, desde la India a Japón. Pasa más de la mitad de su vida en los árboles y se alimenta de fruta, frutos secos y pequeños animales. El **oso negro americano** ❷ es algo más grande, pero también es buen trepador. Como el resto de los osos, tiene un excelente olfato y a veces se mete en coches o campings en busca de comida. El **oso pardo** ❸ es el más extendido. Hay distintas variedades en diferentes partes del mundo. El más famoso es el **oso grizzly** ❹, que vive al oeste de Norteamérica. Erguido, mide hasta 3 m de

⑥ Oso polar

El pelo blanco le permite camuflarse en la nieve y el hielo

⑤ Oso Kodiak

Al nadar usa las grandes patas delanteras a modo de remos

① Oso malayo

Las plantas peludas le proporcionan buena sujeción en el hielo

⑩ Oso panda

⑧ Oso perezoso

⑨ Oso de anteojos

Largas garras para romper termiteros

alto y es tan fuerte que puede arrastrar un alce o un caballo. Come prácticamente cualquier cosa, desde ciervos o peces hasta bayas e incluso polillas. El **oso Kodiak** ⑤ de Alaska es incluso más grande, pero el **oso polar** ⑥ es el más grande de todos. Es el único que caza personas, aunque normalmente sus presas son las focas. El **oso malayo** ⑦ y el **oso perezoso** ⑧ viven en el sur de Asia. El oso malayo puede

sacar la lengua hasta 25 cm para extraer alimentos como la miel y las larvas de orificios y grietas. El **oso de anteojos** ⑨ procede de los bosques de los Andes sudamericanos. Se alimenta de fruta, brotes vegetales y carne. El **oso panda** ⑩ vive en el centro de China, donde se alimenta de manera exclusiva de bambú. Cuando nacen, sus crías pesan nada más 120 g.

OSO POLAR
Este depredador ártico es el carnívoro terrestre más grande. Muy fácil de reconocer por su característico pelaje blanco, es un gran nadador y un cazador letal. Suele cazar focas, a las que atrapa cuando se asoman a la superficie por algún orificio del hielo para respirar. Siente curiosidad por las personas y puede ser peligroso si se acerca demasiado a ellas.

Tamaño > Machos, hasta 3 m de alto sobre las patas traseras; hembras, hasta 2,2 m **Peso >** Machos, 300-800 kg; hembras, 150-300 kg **Hábitat >** Tundra ártica y hielo marino. Pasa mucho tiempo cazando en el hielo. **Distribución >** Círculo Ártico; Canadá y norte de Alaska; Groenlandia; norte de Escandinavia, Rusia y Siberia. **Dieta >** Focas, narvales, morsas y aves marinas. Pueden pasar sin comida varios meses, en los que viven de su grasa corporal. **Reproducción >** Se aparean entre marzo y mayo. Los oseznos nacen entre noviembre y enero. **Longevidad >** Hasta 30 años. **Depredadores >** Ninguno. **Estado de conservación >** Vulnerable. El cambio climático está reduciendo su hábitat.

Focas y morsas

ESCALA

El macho puede hinchar la capucha para parecer feroz

Lobo peletero de las Galápagos

Lobo marino antártico ①

③ León marino de California

Cuerpo impulsado por las aletas delanteras

② Lobo marino

⑤ León marino de Steller

④ Morsa

Lobo marino sudamericano

Las focas son torpes en tierra, pero veloces y elegantes en el mar. Tienen el cuerpo aerodinámico y aletas en vez de patas. Las más pequeñas miden algo más de 1 m de largo, pero las más grandes pesan más de 3 toneladas y su cintura mide más de 4 m. El **lobo marino antártico** ① se reproduce en islas del océano Glacial Antártico, mientras que el **lobo marino** ② vive a lo largo de la costa de Australia

y Sudáfrica. El **león marino de California** ③ es un gran cazador de peces. Puede nadar a 40 km/h. Las **morsas** ④ tienen un cuerpo enorme y arrugado, un mostacho hirsuto y dos colmillos blancos de 1 m. Viven en el Ártico y se alimentan de almejas y otros animales del lecho marino. El **león marino de Steller** ⑤, del Pacífico norte, es el más grande. Como el resto de los leones y lobos marinos, puede

Foca capuchina

Nariz como una trompa en el macho

❻ Elefante marino del sur

Una gruesa capa de grasa mantiene el calor corporal

Maniobra con las aletas delanteras

❼ Foca de Weddell

Foca común

❽ Foca gris

Cuerpo aerodinámico para nadar rápido

Foca arpa

Nerpa

❾ Foca leopardo

Ojos grandes para ver en la profundidad

Aletas dotadas de garras cortas

Foca barbuda

andar con las aletas. Otras focas se arrastran sobre su estómago cuando salen a tierra. El **elefante marino del sur** ❻ es la foca más grande y un buceador de primera. Puede sumergirse a más de 2 km de profundidad para cazar peces y calamares, y aguantar la respiración unos 90 minutos. La **foca de Weddell** ❼ vive alrededor de la Antártida. Es una gran buceadora especialista en inmersiones largas y profundas bajo la cubierta de hielo de la Antártida. En invierno hace agujeros en el hielo marino para salir a la superficie a respirar. La **foca gris** ❽ come peces y es originaria del Atlántico norte, pero la **foca leopardo** ❾ es una gran cazadora de animales de sangre caliente, como los pingüinos y otras focas. Emplea las aletas frontales para nadar y maniobrar.

Felinos

① Gato de Geoffroy

② Pantera negra

Garras delanteras
retráctiles

③ Pantera nebulosa

④ Leopardo de las nieves

*Puede enrollar su larga
cola alrededor del cuerpo*

⑤ Ocelote

*Cuerpo ágil
preparado
para trepar*

Gato tigre

⑥ Leopardo

⑦ Jaguar

Los felinos, elegantes, sigilosos y pacientes, son unos asesinos natos. A excepción de los leones, suelen cazar en solitario y atrapan a sus presas con las garras y los dientes. Este grupo incluye los animales cuadrúpedos más veloces, así como algunos de los depredadores más perezosos, que dormitan hasta 20 horas al día. El **gato de Geoffroy** ① de Sudamérica caza por la noche mamíferos, aves y peces.

La **pantera negra** ② es una variedad del leopardo de pelo negro. La **pantera nebulosa** ③ debe su nombre a sus manchas en forma de nube. Procede de los bosques del sur y sudeste de Asia, y suele cazar en la copa de los árboles. El **leopardo de las nieves** ④ vive en las montañas de Asia Central, y su grueso pelaje y su cola envolvente le protegen del frío. El **ocelote** ⑤ vive en los bosques de América Central

ESCALA

Pelaje oscuro con manchas negras

Gato pescador

⑩ Tigre

⑧ León

⑨ Gato herrumbroso

Franjas verticales para camuflarse

Los machos tienen una espesa melena

Patas largas y pies grandes para derribar presas voluminosas

y del Sur, y es un cazador nocturno. Caza roedores, pero también puede trepar a los árboles para cazar monos y aves. Los **leopardos** ❻ viven en África y Asia. Para proteger su comida de los carroñeros, a veces suben sus presas a lo alto de los árboles. El **jaguar** ❼ es el felino más grande del continente americano. Es buen nadador y suele alimentarse de tortugas. El **león** ❽ es el único felino salvaje que vive en manadas. Los machos son más grandes que las hembras, pero estas se encargan de la mayor parte de la caza y de la crianza de los cachorros. El **gato herrumbroso** ❾, de la India y Sri Lanka, es el felino salvaje más pequeño, mientras que los **tigres** ❿ son los más grandes y los más peligrosos. Se encuentran desde los bosques tropicales de Asia hasta en Siberia oriental, pero quedan menos de 5000 en libertad.

259

Gato esfinge

Pelo fino y muy corto

⑪ Guepardo

⑫ Gato persa

⑬ Gato siamés

Gato de las arenas

Gato de la jungla

La cola lo equilibra cuando corre

Gato atigrado

Largos mechones en las orejas

⑭ Gato Cornish Rex

⑮ Gato manx

Manul

⑯ Caracal

ESCALA

La mayoría de los felinos cazan por la noche, acercándose sigilosamente a su presa y abalanzándose sobre ella, pero el **guepardo** ⑪ caza de día y se vale de su velocidad para conseguir el alimento. Este esbelto gato montés africano es el más veloz. Persigue a los antílopes a 100 km/h y derriba a sus víctimas de un zarpazo. El gato doméstico se encuentra en todo el mundo y lleva viviendo junto a los humanos unos

10 000 años. Hay muchas razas distintas, como el suave **gato persa** ⑫, con su largo pelaje y su hocico corto, y el elegante **gato siamés** ⑬. El **gato Cornish Rex** ⑭ tiene el pelo muy suave, y el **gato manx** ⑮ no tiene cola. La mayoría de los gatos domésticos son buenos cazadores y a veces se adaptan a vivir de nuevo en libertad. Tanto los domésticos como los salvajes son famosos por su agilidad. El **caracal** ⑯ es un

⑰ Gato montés euroasiático

Gato patinegro

Lince boreal

Cola corta acabada en un mechón negro

⑱ Lince de Canadá

Lince ibérico

Grandes zarpas para correr por la nieve

Gato dorado asiático

Gato indio del desierto

⑲ Lince rojo

⑳ Puma

Mandíbula fuerte para atacar a presas grandes

Serval

Gato jaspeado

Usa la cola para equilibrarse al trepar

gato salvaje de largas patas procedente de África y Asia occidental. Es un gran acróbata capaz de saltar 3 m hacia arriba para cazar pájaros en pleno vuelo. El **gato montés euroasiático** ⑰ se alimenta básicamente de roedores, pero también ataca aves que anidan en el suelo, a las que se traga enteras con plumas y todo. El lince y el lince rojo tienen la cola rechoncha y las orejas peludas. El **lince de Canadá** ⑱

se encuentra básicamente en Alaska, Canadá y algunas regiones del norte de Estados Unidos. Su presa preferida es la liebre americana. El **lince rojo** ⑲ acecha y se abalanza sobre todo tipo de animales, desde insectos a cervatillos. El **puma** ⑳ es uno de los felinos más extendidos, desde Canadá occidental hasta el extremo de Sudamérica. Suele ser tímido, pero a veces ataca a los humanos.

LEONES

El león es quizá el animal salvaje más conocido y es fácil de reconocer por su tamaño, su pelaje pardo anaranjado y la espesa melena del macho. Es famoso por su fuerza y por su ferocidad. Estos cachorros de león africano están practicando técnicas de caza jugando a pelearse entre ellos y con su madre. Así aprenden a acechar, emboscar y matar, habilidades esenciales para cuando sean adultos.

Tamaño ❯ Machos hasta 2,5 m; hembras hasta 1,7 m **Peso ❯** Machos 190 kg, hembras 126 kg **Hábitat ❯** Pastizales secos, monte bajo y a veces bosques. Viven en manadas. Los machos defienden el territorio de la manada, de hasta 260 km². **Distribución ❯** Los leones asiáticos viven en el bosque de Gir, en India occidental. Los leones africanos viven en el África subsahariana. **Dieta ❯** Antílopes, cebras y ñus, cazados por las hembras. **Depredadores ❯** Ninguno, pero pueden ser atacados por machos rivales, hienas y humanos. **Reproducción ❯** Se reproducen todo el año. La hembra da a luz una camada de hasta 6 cachorros. **Estado de conservación ❯** En peligro debido a la caza y a la pérdida de hábitats.

SURICATAS

Estos sociables y descarados animales son parientes de las mangostas. Viven en grupos llamados clanes. Cavan madrigueras para protegerse del tórrido sol africano y de los depredadores. Los clanes se alimentan y cazan juntos. Algunos vigilan erguidos sobre las patas traseras. Si se acerca un depredador, el centinela da la voz de alarma y el clan entero se pone a cubierto.

Tamaño ❯ Hasta 60 cm de largo. Los machos son algo más grandes que las hembras. **Peso ❯** Hasta 1 kg **Hábitat ❯** Llanuras abiertas, pastizales secos y sabana. **Distribución ❯** Sur y sudoeste de África. **Dieta ❯** Insectos, aves, huevos de ave, lagartos, roedores y fruta. **Longevidad ❯** 5-15 años en libertad. **Reproducción ❯** Se reproducen todo el año, pero más entre agosto y marzo. Normalmente solo se aparea la hembra dominante. Puede tener hasta cuatro camadas al año, de entre dos y cuatro crías. Los machos y los hermanos ayudan en su crianza, enseñándoles técnicas de caza y de supervivencia. **Depredadores ❯** Halcones, águilas y chacales. **Estado de conservación ❯** No está en peligro.

Rinocerontes y tapires

② Rinoceronte de Java

① Rinoceronte negro

Largo cuerno frontal

④ Rinoceronte indio

③ Rinoceronte de Sumatra

⑤ Tapir andino

Pies con tres dedos

Los rinocerontes son los animales terrestres más grandes después de los elefantes. Tienen el cuerpo en forma de barril y una gruesa piel rugosa. Cuentan con pocos enemigos, pero están amenazados por los cazadores furtivos, que buscan sus cuernos. El **rinoceronte negro** ❶ pesa una tonelada y media. Famoso por su mala vista y su mal genio, se alimenta de hojas y ramitas. El **rinoceronte de Java** ❷

y el **rinoceronte de Sumatra** ❸ viven en los bosques de Indonesia. El primero tiene un solo cuerno y es uno de los mamíferos más raros. Quedan menos de 50 en libertad. El segundo también está en peligro crítico. Tiene dos cuernos y nace con una densa capa de pelo marrón. Es el rinoceronte más pequeño, pero puede medir 1,5 m de alto. El **rinoceronte indio** ❹ es la especie asiática más grande. Tiene un solo

6 Tapir de Baird

ESCALA

8 Tapir malayo

7 Tapir amazónico

Hocico largo y flexible para alcanzar las hojas altas

Piel protectora gruesa y gris

9 Rinoceronte blanco

Boca cuadrada para pastorear

cuerno y la piel dividida en placas a modo de coraza. Vive en pastizales elevados y casi se extinguió en las primeras décadas del siglo xx, cuando quedaron menos de 200. Actualmente en India viven unos 3000 protegidos por guardias armados. Los tapires son parientes lejanos de los rinocerontes, con una larga nariz que parece una trompa en miniatura. Comen fruta y hojas, y localizan el alimento mediante el olfato. El **tapir andino** 5,

el **tapir de Baird** 6 y el **tapir amazónico** 7 proceden de América Central y del Sur. El más grande de todos, el **tapir malayo** 8, es la única especie de Asia. Es el único que es blanco y negro de adulto. El **rinoceronte blanco** 9 es el gigante de su familia. Tiene dos cuernos y puede pesar casi 3 toneladas. A pesar de su colosal tamaño, es muy rápido y ágil. Puede galopar a casi 50 km/h.

Caballos y familia

① Cebra de Grévy

Cada animal tiene un diseño de rayas único

② Cebra de Grant

Crin erguida

③ Asno salvaje somalí

Patas rayadas

④ Burro

⑥ Caballo de Przewalski

⑤ Onagro persa

Kiang

Khur

La familia de los caballos incluye algunos de los mamíferos más veloces y conocidos. Viven en manadas y tienen muy buena vista y oído. Al primer indicio de peligro, se alejan galopando. Las cebras y la mayoría de los asnos son animales salvajes, pero los burros y los caballos fueron domesticados hace miles de años. La **cebra de Grévy** ① es el miembro más grande de la familia equina. Presenta franjas estrechas y tiene la parte inferior blanca. Vive en África oriental y está en peligro de extinción: quedan menos de 5000 en libertad. La **cebra de Grant** ② procede de África oriental. Mide 1,4 m y es la cebra más pequeña. Presenta franjas gruesas y una crin negra y firme. El **asno salvaje somalí** ③ vive en los desiertos rocosos del noreste de África. Es el ancestro del **burro** ④, un animal que los

Burdégano

⑧ Caballo Shire

Patas peludas

⑦ Mula

Caballo American Paint

Poni Exmoor

⑨ Caballo de raza árabe

Crin que cuelga

ESCALA

humanos usan para transportar cargas. El **onagro persa** ⑤ es un asno salvaje de Asia que actualmente solo se encuentra en Irán. El **caballo de Przewalski** ⑥, de Mongolia, es el último caballo realmente salvaje que queda. Estuvo a punto de extinguirse en el siglo XX, pero se está recuperando poco a poco. La **mula** ⑦ es un híbrido, o mezcla, entre un burro y una yegua. Hay más de 1000 razas puras de caballo y poni.

El **caballo Shire** ⑧ es uno de los más grandes y el mejor caballo de tiro. El más pesado del que se tiene constancia, nacido en 1848, pesaba más de 1,5 toneladas. Actualmente escasean, pero algunos siguen usándose para trabajos forestales. El **caballo de raza árabe** ⑨ es el más veloz y se usa para las carreras de caballos. Un buen ejemplar puede valer más de 10 millones de dólares.

CEBRAS DE LLANURA
Pueden parecer criaturas pacíficas, pero son despiadadas si defienden su territorio o su vida. A veces los machos luchan entre ellos a coces y mordiscos para aparearse con las hembras. Incluso depredadores como los leones y los guepardos deben vigilar cuando están cerca de una manada de cebras, ya que pueden acabar heridos o muertos por los machos grandes.

Tamaño › Hasta 1,4 m de alto. **Peso ›** Machos unos 360 kg; hembras unos 320 kg **Hábitat ›** Pastizales y sabanas abiertas. Suelen quedarse cerca de pozos de agua. En la estación seca, enormes manadas se trasladan en busca de agua y comida. **Distribución ›** África del Sur. **Dieta ›** Hierba y de vez en cuando matojos. **Reproducción ›** Se reproducen todo el año. Los potrillos suelen nacer en la estación lluviosa y pueden andar una hora después de su nacimiento. **Longevidad ›** 15-20 años en libertad. **Depredadores ›** Leones, guepardos, leopardos y hienas. Pueden agruparse entre ellas o incluso con especies como el ñu para protegerse de los depredadores.

Vacas, antílopes y ovejas

ESCALA

1 Gaur

2 Vaca Texas

Cuernos huecos con una base ósea

3 Yak

Anoa de llanura

El grueso pelaje invernal se le cae en verano

El pelo largo lo mantiene caliente

4 Bisonte americano

Vaca Jersey

Los bovinos y sus parientes tienen pezuñas, y un estómago especial para digerir hojas y hierbas. Algunos viven solos, pero la mayoría forman rebaños. El **gaur** **1** es el bovino salvaje más grande y pesa como 20 veces un hombre adulto. Procede de los bosques de Asia tropical y tiene pocos enemigos naturales, aparte de tigres y cocodrilos. El ganado domesticado, como la **vaca Texas** **2**, es casi igual de grande.

Esta raza tiene uno de los cuernos más grandes, con sus 3 m de punta a punta. El **yak** **3** procede de los pastos de montaña de Asia Central, mientras que el **bisonte americano** **4**, o búfalo, es un animal de pastizal de las Grandes Llanuras de Canadá y Estados Unidos. Hubo un tiempo en que había más de 50 millones, pero tras años de caza solo quedan unos 500 000. El antílope vive en África y Asia. El **antílope eland**

Sitatunga

Pezuñas en forma de horquilla

⑤ Antílope eland común

Nilgó

Kudú mayor

Addax

⑥ Órice del Cabo

Cuernos con anillos nudosos

Antílope sable

Antílope bohor

⑦ Antílope acuático

Las rayas le ayudan a camuflarse

Duiker cebra

⑧ Búfalo cafre

⑨ Ñu

Búbalo común

⑩ Saltarrocas

común ⑤ es uno de los más grandes. Es africano, apacible y a veces se usa como animal de granja. El **órice del Cabo** ⑥ vive en los desiertos del sur de África. Como ocurre con la mayoría de los antílopes, tanto los machos como las hembras tienen cuernos. El **antílope acuático** ⑦ vive en pastizales y bosques, pero si se siente amenazado corre a refugiarse en lagos y pantanos. El **búfalo cafre** ⑧ es uno de los animales más grandes y peligrosos de los pastizales. Los machos adultos son capaces de matar leones y destrozar coches. El **ñu** ⑨ es uno de los antílopes africanos más comunes, que migra en grandes manadas siguiendo las lluvias anuales. En cada migración van hasta 1,5 millones de ñus y miles de otros animales, como cebras. El **saltarrocas** ⑩ vive en los afloramientos rocosos en el este y el sur de África.

ESCALA

⑪ Gacela de Thomson

Cresta de pelo a lo largo de la espalda ⑫ Gacela saltarina

Raficero común

Impala

Gacela persa

⑬ Dicdic de Günther

Gacela de Grant

Cuello largo

⑮ Antílope indio

Gamuza

⑭ Gerenuc

Hay más antílopes en África que en cualquier otra parte del mundo. La **gacela de Thomson** ⑪ vive en los pastizales del este de África, donde suele unirse a manadas de cebras y ñus. Está siempre pendiente de los depredadores y duerme solo una hora al día en tandas de cinco minutos. La **gacela saltarina** ⑫ del sur de África puede saltar más de seis veces su propia longitud. Los machos entrechocan cuernos en la época de apareamiento, peleando por las hembras. El **dicdic de Günther** ⑬ es un antílope en miniatura que vive en zonas de matorral, mientras que el **gerenuc** ⑭ se levanta sobre sus patas traseras para alimentarse en arbustos y árboles, con la ayuda de su largo cuello. El **antílope indio** ⑮ vive en India y Nepal. Las hembras son marrones, pero los machos son blancos y negros,

17 Cabra de las Rocosas

Marjor

16 Buey almizclero

Las pezuñas tienen almohadillas internas blandas para un mejor agarre

Los cuernos gruesos y curvados son más largos en el macho

Cabra de Angora

Takín

Su lana se usa para fabricar angora, que es muy cara

18 Íbice alpino

Oveja Cotswold

Cuernos curvados

19 Muflón común

Muflón del Atlas

20 Muflón de las montañas

con los cuernos enrollados en espiral. El **buey almizclero** 16 debe su nombre al fuerte olor que desprenden los machos en la época de celo. Parece un búfalo, pero está emparentado con las ovejas y las cabras salvajes. Vive en el alto Ártico y presenta un pelaje grueso y desgreñado que lo protege del intenso frío invernal. La **cabra de las Rocosas** 17 es una ágil trepadora. A las pocas horas de nacer ya puede brincar

por salientes estrechos. El **íbice alpino** 18 vive muy por encima de los bosques en los Alpes europeos y es famoso por sus cuernos, que pueden llegar a medir 1 m de largo. El **muflón común** 19 de Europa y Asia es el ancestro salvaje de la oveja que vive en las granjas. El macho del **muflón de las montañas** 20, de Norteamérica, entrechoca los cuernos con sus rivales.

HIPOPÓTAMO
Hipopótamo significa «caballo de río». Les encanta el agua y se pasan el día sumergidos para estar frescos y mantener la piel húmeda. Salen a tierra para comer por la noche. Pueden cerrar las fosas nasales para aguantar la respiración y a veces se duermen bajo el agua y salen a respirar sin despertarse. Con sus largos colmillos pueden ser muy peligrosos, especialmente si sus crías corren peligro.

Tamaño ❯ Hasta 1,7 m de alto. **Peso ❯** Machos hasta 4,5 toneladas; hembras hasta 1,5 toneladas. **Hábitat ❯** Lagos, ríos, pantanos y pastizales adyacentes. **Distribución ❯** África subsahariana, oriental y central. **Dieta ❯** Hierba, juncos y pequeños brotes. **Reproducción ❯** Una vez cada dos años. Tienen una sola cría, que mama durante casi un año, algo que puede hacer bajo el agua. **Longevidad ❯** Unos 50 años. **Depredadores ❯** Los adultos no tienen otro que los humanos. Las crías pueden ser cazadas por cocodrilos, leones y hienas. **Estado de conservación ❯** La cantidad de hipopótamos ha disminuido drásticamente los últimos años debido a la pérdida de hábitats y porque son cazados por sus colmillos.

Cerdos, pecaríes y ciervos

ESCALA

② Jabalí

① Cerdo de Piétrain

Hocico largo para arrancar la comida

④ Babirusa

③ Pecarí de collar

Collar claro en el cuello

Jabalí barbudo

Potamoquero rojo

Tatabro

Cornamenta en crecimiento cubierta de piel sedosa

Sambar

⑤ Jabalí verrugoso

Dos pares de colmillos

Corzo

El pelaje estival marrón rojizo se vuelve denso y gris en invierno

Hay cerdos de muchas formas y colores. Las variedades domésticas se crían por la carne en todo el mundo. El **cerdo de Piétrain** ①, originario de Bélgica, es una variedad muy popular. Los cerdos domésticos descienden del **jabalí** ②. Con su pelaje hirsuto y su hocico tipo excavadora, esta formidable criatura desentierra raíces, animales y cultivos. Es originario de Europa, Norte de África y Asia, pero ha sido

introducido en otros muchos lugares donde a veces supone una plaga. El **pecarí de collar** ③ se encuentra desde el sur de Estados Unidos hasta Sudamérica y se parece al jabalí. El **babirusa** ④ de Indonesia es el cerdo con los colmillos más raros. Dos le salen de la boca y dos del hocico hacia arriba. El **jabalí verrugoso** ⑤ vive en los pastizales de África. Como otros cerdos salvajes, puede ser peligroso si se ve

Venado de las Pampas

Gamo común 6

Ciervo almizclero

Pudú del sur

Ciervo moteado

Se les cae la cornamenta a finales de invierno

7 Ciervo canadiense

8 Ciervo ratón de Java

Ciervo sica

9 Alce

Ciervo de Virginia

Machos y hembras tienen cornamenta

10 Reno

acorralado, sobre todo si tiene jabatos que proteger. Los cerdos comen prácticamente de todo, pero los ciervos son vegetarianos y se alimentan de hojas, líquenes y corteza. La mayoría de los ciervos macho tienen cornamenta, que se cae y vuelve a crecer cada año. Los cuernos del **gamo común** 6 son palmeados, pero los del **ciervo canadiense** 7 son ramificados y con la punta afilada. Cada otoño, los machos de ciervo entrechocan la cornamenta para ver quién se aparea. El **ciervo ratón de Java** 8 es el animal ungulado más pequeño, mientras que el **alce** 9 es el más grande con diferencia, con un peso récord de más de 800 kg. El alce es solitario, pero el **reno** 10 es mucho más sociable. En el ártico canadiense pueden verse manadas de renos con medio millón de renos.

Camellos, llamas y jirafas

ESCALA

① Dromedario

Pies redondeados con dos dedos

② Camello bactriano

Barba larga en la garganta

③ Jirafa Masai

④ Okapi

Parte superior de las patas rayada

Durante miles de años, el camello arábigo o **dromedario** ① se ha utilizado como animal de trabajo en el norte de África y Oriente Medio. Apodado «barco del desierto», puede pasar dos semanas sin beber y cuando encuentra agua puede beber la suficiente como para llenar cuatro fregaderos. En la joroba almacena una reserva de grasa de emergencia y tiene los pies acolchados, para no hundirse en la arena del desierto. El **camello bactriano** ② de Asia Central tiene que enfrentarse a inviernos muy fríos, así que tiene dos jorobas y un grueso pelaje invernal que se le cae en primavera. La jirafa es el animal más alto. Vive en los pastizales salpicados de árboles de África y se alimenta de hojas y ramitas a las que otros mamíferos no llegan. La **jirafa Masai** ③ es la más grande, con una altura récord de

⑤ Guanaco

⑥ Alpaca

⑦ Alpaca Suri

Pelaje largo y lanudo

⑧ Vicuña

⑨ Llama

Cuernos de tejido óseo cubiertos de piel

Jirafa de Rodesia

Jirafa reticulada

Orejas grandes para mantenerse fresca

⑩ Jirafa de Rothschild

6 m. El **okapi** ④ de África Central es pariente de la jirafa y vive en bosques, mientras que el **guanaco** ⑤ es de la familia de los camellos y vive en los Andes como la **alpaca** ⑥. Las alpacas se crían por su vellón sedoso. Algunas razas tienen el pelaje corto, pero la **alpaca Suri** ⑦ puede tener el vellón tan largo que lo arrastra por el suelo. Las alpacas descienden de la **vicuña** ⑧. Este pastoreador salvaje de los Andes puede sobrevivir a 5000 m, una altitud que dejaría a muchos sin aliento. La **llama** ⑨, un pariente domesticado del guanaco, lleva cargas por los estrechos caminos de montaña. La **jirafa de Rothschild** ⑩ es fácil de reconocer por sus grandes manchas y sus largos «calcetines» blancos. La pérdida de su hábitat supone una amenaza. Quedan menos de 670 en libertad.

JIRAFAS

Es el animal vivo más alto del mundo. Su larguísimo cuello, sin embargo, solo tiene siete huesos, como el nuestro. Sus largas y delgadas patas le permiten galopar como un caballo, pero suponen un problema cuando tiene que inclinarse para beber. Tiene una lengua larga de color azul púrpura y unos bultos que parecen cuernos en la cabeza. Cada jirafa tiene un patrón de manchas único.

Tamaño ❯ Machos hasta 6 m; hembras hasta 4,7 m de alto.
Peso ❯ Machos hasta 1,6 toneladas; hembras hasta 1,1. **Hábitat ❯**
Pastizales, sabanas y bosques abiertos. **Distribución ❯** África
subsahariana. **Dieta ❯** Se alimenta básicamente de acacias.
Tiene la boca y la lengua duras para no pincharse con sus
espinas. **Reproducción ❯** Se aparean en la estación lluviosa y
las crías nacen en la estación seca. La hembra da a luz de pie
y la cría puede andar a la hora de haber nacido. **Longevidad ❯**
Unos 25 años en libertad. **Depredadores ❯** Leones, y en el
caso de las crías también leopardos, hienas, perros salvajes
y cocodrilos. **Estado de conservación ❯** Algunas especies
están disminuyendo a causa de la pérdida de hábitats.

Delfines y marsopas

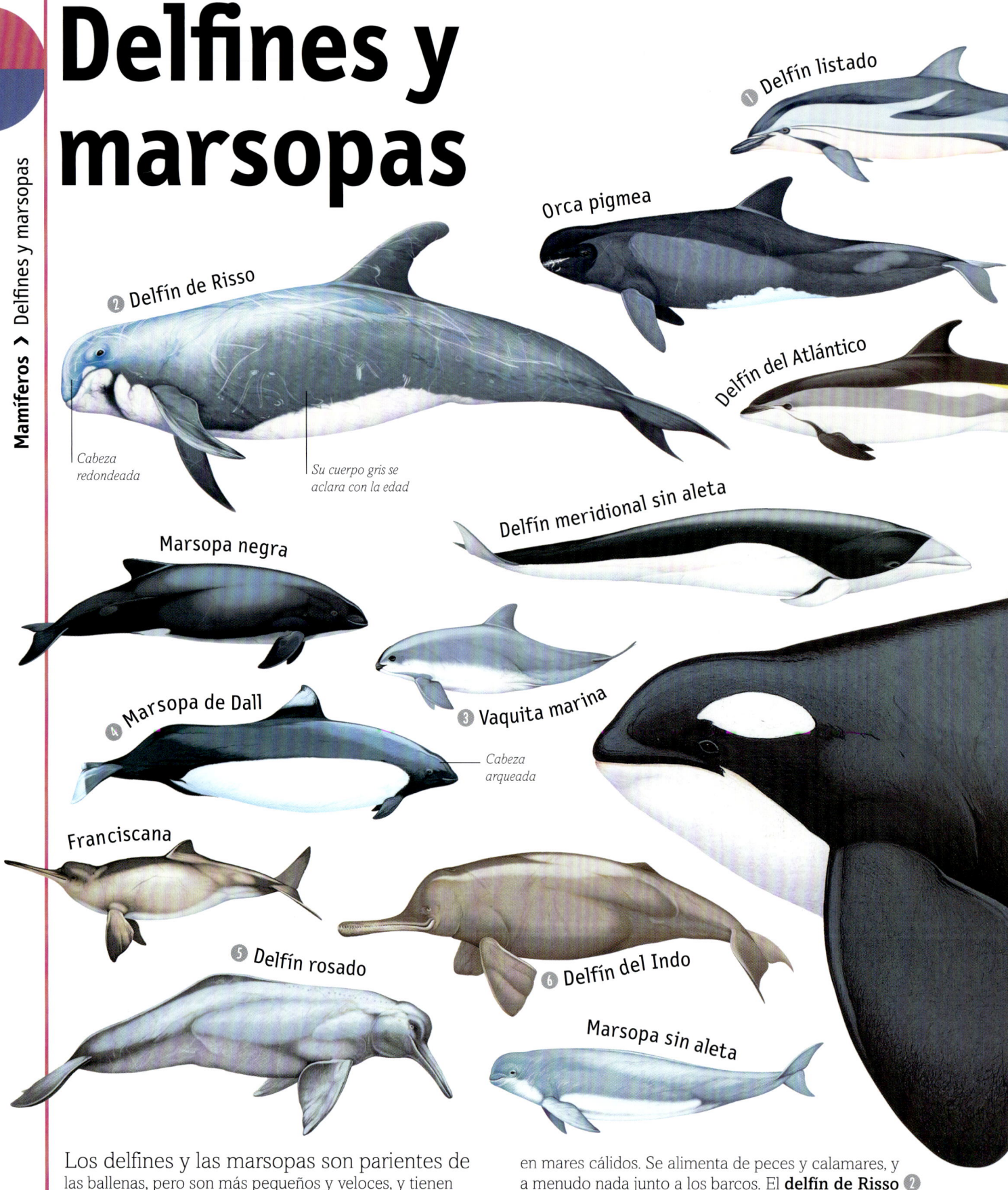

Delfín listado

Orca pigmea

② Delfín de Risso

Delfín del Atlántico

Cabeza redondeada

Su cuerpo gris se aclara con la edad

Delfín meridional sin aleta

Marsopa negra

④ Marsopa de Dall

③ Vaquita marina

Cabeza arqueada

Franciscana

⑤ Delfín rosado

⑥ Delfín del Indo

Marsopa sin aleta

Los delfines y las marsopas son parientes de las ballenas, pero son más pequeños y veloces, y tienen dientes afilados. Algunos viven en solitario, pero la mayoría viaja en grupos llamados manadas. Inteligentes y juguetones, se comunican con chasquidos y silbidos. Como algunas ballenas, usan las ondas sonoras para localizar a sus presas. El **delfín listado** ① vive por todo el mundo, especialmente en mares cálidos. Se alimenta de peces y calamares, y a menudo nada junto a los barcos. El **delfín de Risso** ② tiene la cabeza aplanada y carece de pico. Con la edad, su cuerpo suele cubrirse de cicatrices, de peleas con delfines y calamares. Las marsopas suelen ser más pequeñas que los delfines, tienen el cuerpo en forma de barril y la mandíbula roma. La pequeña **vaquita marina** ③ es una de las

⑦ Delfín nariz de botella

Delfín austral

⑧ Delfín pío

Delfín de Héctor

⑨ Ballena asesina

Delfín moteado

Cuerpo poderoso ideal para cazar

Delfín cruzado

ESCALA

Delfín común

especies más raras y pequeñas. Mide solo 1,2 m de largo. La **marsopa de Dall** ④ es la más veloz, con una velocidad máxima de 55 km/h. El **delfín rosado** ⑤ tiene los ojos pequeños y el **delfín del Indo** ⑥ es prácticamente ciego. Ambos viven en agua dulce y cazan con ayuda de las ondas sonoras. El **delfín nariz de botella** ⑦ es listo y ágil, por lo que es muy popular en los acuarios, puesto que suele interactuar con los humanos. El **delfín pío** ⑧ es una especie rara que vive en los gélidos mares australes. La **ballena asesina** ⑨, que popularmente se conoce como orca, es el miembro más grande de la familia y pesa 7 toneladas. Es un depredador astuto que ataca a otros delfines y a ballenas, y a veces vuelca banquisas de hielo para que las focas caigan al mar, o incluso las ataca en la misma playa.

Ballenas

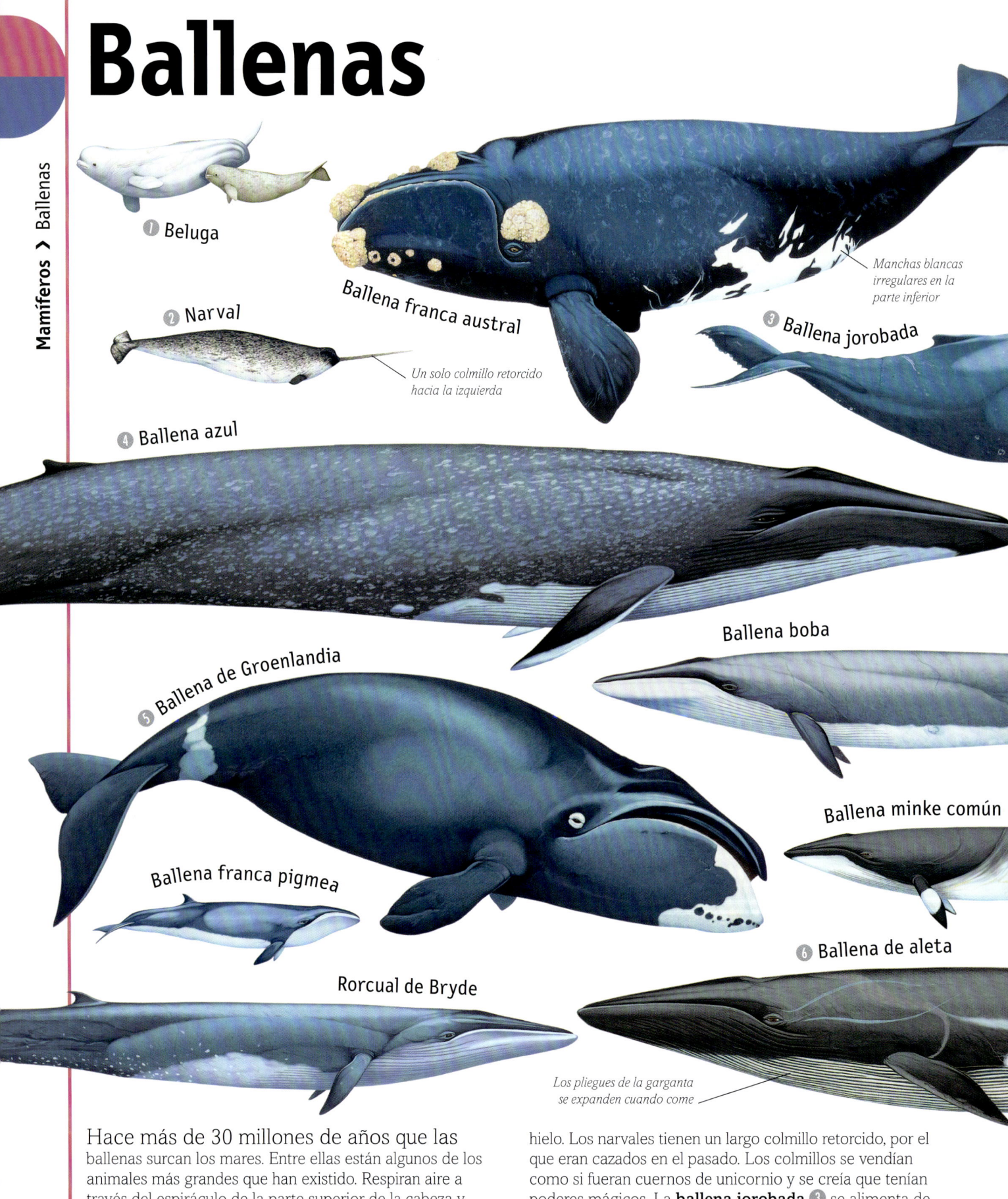

❶ Beluga

❷ Narval

Ballena franca austral

Un solo colmillo retorcido hacia la izquierda

Manchas blancas irregulares en la parte inferior

❸ Ballena jorobada

❹ Ballena azul

Ballena boba

❺ Ballena de Groenlandia

Ballena minke común

Ballena franca pigmea

❻ Ballena de aleta

Rorcual de Bryde

Los pliegues de la garganta se expanden cuando come

Hace más de 30 millones de años que las ballenas surcan los mares. Entre ellas están algunos de los animales más grandes que han existido. Respiran aire a través del espiráculo de la parte superior de la cabeza y nadan impulsándose con la cola o aleta caudal. La **beluga** ❶ y el **narval** ❷ son ballenas pequeñas del Ártico. Las belugas tienen la piel blanca y se mimetizan con las banquisas de hielo. Los narvales tienen un largo colmillo retorcido, por el que eran cazados en el pasado. Los colmillos se vendían como si fueran cuernos de unicornio y se creía que tenían poderes mágicos. La **ballena jorobada** ❸ se alimenta de peces y es una gran acróbata. A veces salta fuera del agua para volver a caer con gran estrépito. Es más larga que un autobús, pero mide la mitad que la **ballena azul** ❹, el

Piel arrugada

7 Cachalote

Cicatrices de lidiar
con sus presas

Cachalote pigmeo

Zifio de Layard

Zifio de Blainville

8 Ballena gris

Pueden crecer grupos de
percebes en la piel de la ballena

9 Zifio de Baird

Dientes en la punta
de la prominente
mandíbula inferior

Zifio de Gray

Zifio de Shepherd

Zifio de Hubbs

Zifio de Ginkgo

Ballena de pico boreal

10 Zifio de Cuvier

Aleta superior
inclinada hacia atrás

ESCALA

animal más grande de la Tierra. Este mamífero pesa unas
150 toneladas, más que el dinosaurio más pesado, y puede
alcanzar los 27 m de largo. Se alimenta de kril por filtración
y se zampa más de 8000 millones al día. La **ballena de
Groenlandia** **5** y la **ballena de aleta** **6** también se
alimentan por filtración, pero el **cachalote** **7** es el cazador
más grande. Con sus 50 dientes enormes se alimenta de

calamares gigantes y se sumerge a 3000 m en busca de
presas. La **ballena gris** **8** realiza las migraciones más largas,
un viaje de ida y vuelta de 20 000 km, desde las aguas de
Alaska hasta las aguas más cálidas de México. Los zifios
comen en aguas profundas. El **zifio de Baird** **9** es el más
grande de estos misteriosos animales y el **zifio de Cuvier** **10**
el más extendido.

BALLENA JOROBADA

Los machos son famosos por sus canciones complejas y evocadoras, que se transmiten miles de kilómetros por el océano. Son muy ágiles teniendo en cuenta su tamaño. Puede saltar fuera del agua, girar en el aire y caer de espaldas levantando mucha agua. Los científicos no saben por qué lo hacen.

Tamaño ❯ Machos hasta 14 m de largo; hembras hasta 16 m de largo. **Peso ❯** Hasta 40 toneladas. **Hábitat ❯** Océano; se reproduce en aguas cálidas tropicales y subtropicales, pero migra a aguas más frías para alimentarse. **Distribución ❯** Océanos y zonas costeras de todo el mundo. **Dieta ❯** Plancton, kril y pequeños peces, que filtra del agua. **Reproducción ❯** La hembra da a luz una vez cada dos o tres años y cuida de sus ballenatos unos 12 meses. Alcanza la edad adulta a los cinco años. **Longevidad ❯** Hasta 95 años. **Depredadores ❯** Las orcas pueden cazar ballenatos. **Estado de conservación ❯** Desde que en 1966 se prohibió su caza por parte de los humanos ya no está amenazada.

ÍNDICE

Leopardo

Guacamayo azul y amarillo

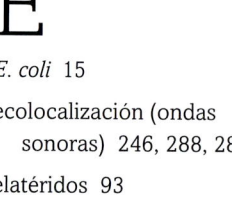

Nostoc

Cocodrilo del Nilo

Seta de olivo

Estrella frágil de espinas cortas

Salamandra común

Mariposa alas de pájaro

Árbol de Judas

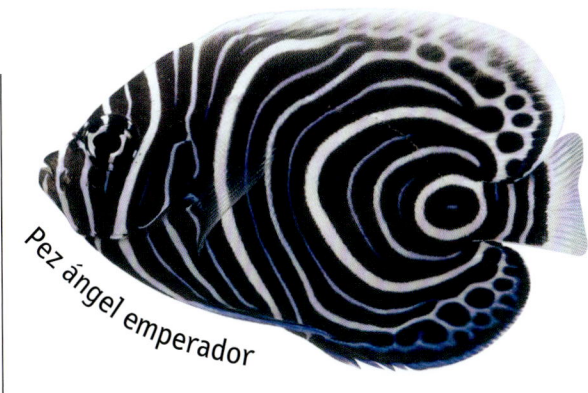

Pez ángel emperador

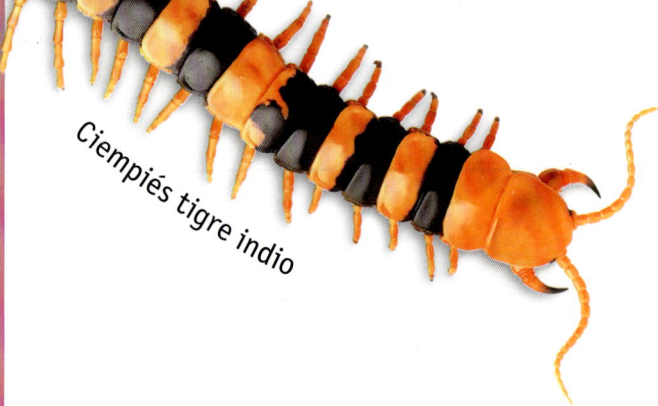

Ciempiés tigre indio

Rana arborícola verde de Australia

AGRADECIMIENTOS

SMITHSONIAN INSTITUTION:

Revisores del National Zoo: Donald Moore III, director, Ciencias del cuidado animal, Scott R. Derrickson, subdirector, Smithsonian Conservation Biology Institute, Ed Bronikowski, conservador sénior, Tony Barthel, conservador, Senda de los Elefantes, Senda de Asia y Estación de Conservación de Guepardos, Alan Peters, conservador, Exposición de Invertebrados y Pollinarium, Bob King, conservador, Primates, Steven Sarro, conservador, Casa de Pequeños Mamíferos, Jim Murphy, conservador, Centro de Descubrimiento de Reptiles, Craig Saffoe, conservador, Grandes Felinos, Granja Infantil y Osos Andinos, Frank Clements, Gestor del Parque, Horticultura, Stacey Tabellario, cuidadora, Senda de Asia, Juan Rodríguez, cuidador, Senda de Asia, Gil Myers, cuidador, Estación de Conservación de Guepardos, Kate Volz, cuidadora, Estación de Conservación de Guepardos, Mike Henley, biólogo, Exposición de Invertebrados y Pollinarium, Donna Stockton, bióloga, Exposición de Invertebrados y Pollinarium, Michael Miller, cuidador Exposición de Invertebrados y Pollinarium, Erin Stromberg, cuidador, Primates, Kenton Kerns, cuidador, Casa de Pequeños Mamíferos, David Kessler, cuidador, Casa de Pequeños Mamíferos, Rebecca Smithson, cuidadora, Casa de Pequeños Mamíferos, Sara Hallager, cuidadora, Casa de Aves, Hillary Colton, cuidadora, Casa de Aves, Lori Smith, cuidadora, Casa de Aves, Debi Talbott, cuidadora, Casa de Aves, Kathleen Brader, cuidadora, Casa de Aves, Gwendolyn Cooper, cuidadora, Casa de Aves, Warren Lynch, cuidador, Smithsonian Conservation Biology Institute, Budhan Pukazhenthi, fisiólogo reproductivo, Smithsonian Conservation Biology Institute, Peter Marra, ecólogo investigador, Smithsonian Migratory Bird Center, Pamela Baker-Masson, directora, Comunicación, Jennifer Zoon, asistente de Comunicación, y un agradecimiento especial a Susie Ellis.

Revisores del National Museum of Natural History: Dr. Don W. Wilson, conservador emérito, Departmento de Zoología de Vertebrados; Dra. Carole C. Baldwin, conservadora, División de Peces; Lynne R. Parenti, investigadora y conservadora, División de Peces; G. David Johnson, ictiólogo-conservador, División de Peces, y Carla J. Dove, doctora, Laboratorio de Identificación de Plumas.

DK agradece:
A Katie John por su asistencia con el texto, a Alison Gardner, Sunita Gahir, Konica Juneja, Kanika Mittal, Divya PR y Upasana Sharma por su asistencia en el diseño, a Hedi Hunter por el estilismo de diseño, a Lili Bryant, Neha Chaudhary, Megha Gupta, Nandini Gupta, Suefa Lee, Vineetha Mokkil, Yamuna Matheswaran y Rupa Rao por su asistencia editorial, a Kealy Wilson y Ellen Nanney de la Smithsonian Institution, a Angela Baynham por la revisión y a Elizabeth Wise por el índice.

Los editores dan las gracias a los siguientes por su amable permiso para reproducir sus fotografías:

(Clave: a: arriba; b: bajo/debajo; c: centro; d: derecha; e: extremo; i: izquierda; s: superior)

1 **Fotolia:** He2 (ca). 3 **Fotolia:** He2 (ca). 5 **Science Photo Library:** Pasieka (sc). 6 **Dorling Kindersley:** Jeremy Hunt - maquetista (cda). **Getty Images:** Joel Sartore (bd). 8 **Science Photo Library:** CNRI (si). 9 **Dorling Kindersley:** Natural History Museum, Londres (sd); Weymouth Sealife Centre (si). **Getty Images:** Mint Images / Frans Lanting (bc). 10 **Dreamstime.com:** Isselee (cd). Science Photo Library: Pasieka (bd). 11 **Alamy Images:** cbimages (bc). **Dorling Kindersley:** Jerry Young (cia). **FLPA:** Minden Pictures (cib). 12-13 **Science Photo Library:** 3d4medical.com (c). 14 **Alamy Images:** BSIP SA (c). CDC: (ci). **Corbis:** Visuals Unlimited (eci). **Getty Images:** J. L. Carson (cia). **Science Photo Library:** CNRI (sc); Pasieka (sd); Professor N. Russell (ecd); A.B. Dowsett (bd); Dr Kari Lounatmaa (bc, cda). 15 **CDC:** (cia, cda). **Corbis:** Dennis Kunkel Microscopy, Inc. / Visuals Unlimited (cb). **Dorling Kindersley:** Uniformed Services University, Bethesda, MD (si). **Science Photo Library:** Eye Of Science (c); SCIMAT (ci); Dr Kari Lounatmaa (bd). **USDA Agricultural Research Service:** Courtesy of USDA_ARS / Eric Erbe (sd). 17 **Photo Biopix.dk:** Jens Schou (cd). 20-21 **Science Photo Library:** Laguna Design. 26-27 **Getty Images:** Michael & Patricia Fogden. 27 **Dorling Kindersley:** Stephen Hayward (cd). 32 **Photo Biopix.dk:** Jens Schou (ca). 33 **Photo Biopix.dk:** Jens Schou (bd). 34 **Photo Biopix.dk:** Niels Sloth (bi). **Corbis:** Visuals Unlimited / William Ormerod (ca). **Dorling Kindersley:** Natural History Museum, Londres (cia). 35 **Photo Biopix.dk:** Jens schou (bc, cb, ci, cda, sd). **Getty Images:** Ed Reschke (bd). **Science Photo Library:** Scott Camazine (bi). 38 **Dreamstime.com:** Gabriela Insuratelu (cib). 39 **Dorling Kindersley:** Neil Fletcher (cib). **Dreamstime.com:** Markit (c); Voltan1 (cdb). 41 **Dreamstime.com:** Liumangtiger (ci); **Getty Images**: Herbert Kehrer (bd). 42-43 **Dreamstime.com:** Marcouliana. 44 **Alamy Images:** WoodyStock (cdb). 45 **Dreamstime.com:** Pehttt (si). 46 **Dorling Kindersley:** Natural History Museum, Londres (ca). 47 **Dorling Kindersley:** Courtesy of Harry Tomlinson (c). **Getty Images:** (bc). 50-51 **Photoshot:** Laurie Campbell (c). 50 **Alamy Images:** VWpics / Ricardo Fernández (cib). **FLPA:** (ecib). **Getty Images:** Age Fotostock / Marevision (cb, ci); Wolfgang Poelzer (sd); De Agostini Picture Library / DEA / P. Donnini (cdb). **naturepl.com:** José B. Ruiz (ca). 51 **Alaska Fisheries Science Center, NOAA Fisheries Service:** (esd). **Corbis:** Minden Pictures / Norbert Wu (si); Visuals Unlimited / David Wrobel (c). **Getty Images:** Age Fotostock / Marevision (sd); Fotosearch Value (cd). 52 **FLPA:** Panda Photo (c). **Getty Images:** Fotosearch (bd); Axel Rosenberg (cd); Nature / UIG (ecdb). **naturepl.com:** Solvin Zankl (ci). 53 **Dorling Kindersley:** Natural History Museum, Londres (cda, si). imagequestmarine.com: (sc). 54 **Ardea:** Steve Hopkin (c). **Corbis:** Minden Pictures / Fred Bavendam (ci); Visuals Unlimited / Dr. Robert Calentine (cb). naturepl.com: Sinclair Stammers (bi). **Photoshot:** ANT (sc). **Science Photo Library:** James H. Robinson (cia). 54-55 **Corbis:** Kerrick James. **FLPA:** D P Wilson (c). 55 **Alamy Images:** blickwinkel (ci). **FLPA:** Nigel Cattlin (cia). **Science Photo Library:** Dr. Morley Read (ca, sc). 59 **Getty Images:** Age Fotostock / Marevision (c). 60 **Getty Images:** Age Fotostock / Mary Jonilonis (bd). **Science Photo Library:** Alexander Semenov (cdb). 61 **FLPA:** Minden Pictures / Kevin Schafer (sc); Walter Rohdich (sd). 62-63 **Corbis:** Science Faction / Norbert Wu. 64 **Corbis:** Visuals Unlimited (cib). **Dorling Kindersley:** Weymouth Sealife Centre (cb). **naturepl.com:** Sue Daly (c). **Science Photo Library:** Dante Fenolio (sd). 65 **Alamy Images:** Mike Veitch (cib). **Getty Images:** Photographer's Choice / Steven Hunt (sd); WaterFrame / Reinhard Dirscherl (ca). **Richard Ling:** (ci). **naturepl.com:** David Shale (sc). 66 **Corbis:** Minden Pictures / Fred Bavendam (bi). **Getty Images:** Botanica / James Baigrie (ci). 67 **Corbis:** Brandon D. Cole (si); Minden Pictures / Fred Bavendam (sd). **Getty Images:** Oxford Scientific / Karen Gowlett-Holmes (cda); Workbook Stock / Frederic Pacorel (cd). 68 **FLPA:** David Hosking (cib). **Getty Images:** Flickr Open / Alan Cressler (cdb); Visuals Unlimited, Inc. / Gerry Bishop (ci); Peter Arnold / James Gerholdt (bi). **naturepl.com:** Kim Taylor (sd). 69 **Alamy Images:** Leslie Garland Picture Library / Doug McCutcheon (ca). **Ardea:** Steve Hopkin (cia). **Corbis:** Minden Pictures / Thomas Marent (cdb). **Dreamstime.com:** Milosluz (b). **Getty Images:** Flickr Open / Shailesh Makwana (cb). 70 **Dreamstime.com:** Scott Harms (sd). **FLPA:** Olivier Digoit (ci). **Getty Images:** James H Robinson (cda). 71 **Corbis:** Steve Parish Publishing / Patrick Honan (cib). **Dorling Kindersley:** Geoff Brightling / Chris Reynolds and the BBC Team - modelmakers (bc). **FLPA:** Minden Pictures / Pete Oxford (cd). **Science Photo Library:** Simon D. Pollard (bd). 72 **Corbis:** Science Faction / Stefan Sollfors (ca). **FLPA:** Photo Researchers (sc). **Getty Images:** Kallista Images (cib); Visuals Unlimited, Inc. / Robert Pickett (bd). 73 **Corbis:** Minden Pictures / Albert Lleal (bi). 74-75 **OceanwideImages.com.** 76 **Corbis:** Foto Natura / Minden Pictures / Stephen Belcher (bi); Minden Pictures / Fred Bavendam (ci). **Getty Images:** Visuals Unlimited, Inc. / Fabio Pupin (cb). **imagequestmarine.com:** (cdb). 77 **Corbis:** Ocean (c). **Getty Images:** Age Fotostock / Marevision (sc); (sd). 78 **Corbis:** Gary Bell (ci); Photocuisine / J. Garcia (si); Design Pics / Dave Fleetham (bi). **Getty Images:** Visuals Unlimited / Gerald & Buff Corsi (bc). 79 **Dreamstime.com:** Olga Demchishina (ca). **FLPA**: Gerard Lacz (bc). **imagequestmarine.com:** (cdb, si). 83 **Fotolia**: Roque141 (sd). 84-85 **Dorling Kindersley:** Thomas Marent. 86-87 **FLPA:** Ingrid Visser (sc). 86 **FLPA:** Dave Pressland (c). **Getty Images:** AWL Images / William Gray (cia). **naturepl.com:** MYN / John Tiddy (bi); Ann & Steve Toon (bd). 87 **Corbis:** Ocean (b); Damon Wilder (cda). **Dorling Kindersley:** Natural History Museum, Londres (cd). 88 **Corbis:** Minden Pictures / Ingo Arndt (ci); Visuals Unlimited / Alex Wild (bd). **Dorling Kindersley:** Natural History Museum, Londres (b). 90-91 **Getty Images:** Adegsm. 92 **Dorling Kindersley:** Natural History Museum, Londres (ci, bd); Jerry Young (ca). 93 **Dorling Kindersley:** Natural History Museum, Londres (cd). 94 **Dorling Kindersley:** Andrew Mackay (ecdb); Natural History Museum, Londres (esd, sc, si, esi, ca, ci, c, cd, ecd, cib, cb, cdb, ebi, bi, bc, bd). 95 **Dorling Kindersley:** Natural History Museum, Londres (si, sc, sd, ecia, cia, ca, cda, ecda, ci, c, cdb, cd, cib, ebi, bc, bd, ebd). 96 **Dorling Kindersley:** Natural History Museum, Londres (s, si, sc, cia, ca, cda, ci, c, cd, ecd, ceb, cb, cdb, ebi, bi, bd, ebd). 97 **Dorling Kindersley:** Natural History Museum, Londres (si, sc, cia, cd, ci, ecib, cib, cdb, ecdb, cb, ebi, bi, bd, ebd). 98-99 **Dorling Kindersley:** Thomas Marent. 99 **Dorling Kindersley:** Booth Museum of Natural History, Brighton (bd). 100 **Alamy Images:** Premaphotos (ebd). **Dorling Kindersley:** Natural History Museum, Londres (bc); Jerry Young (si). **Getty Images:** First Light / Grambo Grambo (ci). 101 **Corbis:** Minden Pictures / Stephen Dalton (bi). **Dorling Kindersley:** Natural History Museum, Londres (ci, bd). **The Natural History Museum, Londres:** (sd). 102 **Dreamstime.com:** Dbmz (bc); Ryszard Laskowski (c); Meoita (cd). 103 **Dreamstime.com:** Amskad (sd). 106 **Corbis:** Minden Pictures / Pete Oxford (bi). **FLPA:** Norbert Wu (cib). **Getty Images:** Visuals Unlimited, Inc. / Andy Murch (cia). **Photoshot:** (ca, ci). 106-107 **Ardea:** Kenneth W Fink (si). 107 **Alamy Images:** Stephen Frink Collection (ca). **Corbis:** Visuals Unlimited / Patrice Ceisel (cdb). **Getty Images:** Dr Peter M Forster (b). 108 **Alamy Images:** Roberto Nistri (cd). **Getty Images:** Visuals Unlimited, Inc. / Andy Murch (si, ci). 108-109 **Corbis:** Science Faction / Norbert Wu (bc). **Dorling Kindersley:** Jeremy Hunt - modelmaker (ca). 109 **Corbis:** Dave Fleetham / Design Pics (si). **Getty Images:** De Agostini Picture Library (cb). 110-111 **Corbis:** National Geographic Society / Colin Parker. 112 **Dorling Kindersley:** Weymouth Sea Life Centre (bc). **Dreamstime.com:** Isselee (sd). 112-113 **Dreamstime.com:** Asther Lau Choon Siew (c). 113 **Alamy Images:** cbimages (cda). **Dorling Kindersley:** Weymouth Sea Life Centre (cb, c). **Dreamstime.com:** Peter Leahy (bi). **Getty Images:** Marevision (cdb). **imagequestmarine.com:** (bc). 114-115 **Alamy Images:** Emilio Ereza (bc). 115 **Dreamstime.com:** Lunamarina (bd, cda). 116 **Dreamstime.com:** Andylid (bi); Serg_dibrova (sc). 117 **Corbis:** Dpa / Hinrich Baesemann (cd). **Dreamstime.com:** Yordan Rusev (cdb). 118-119 **FLPA:** Imagebroker / Norbert Probst. 120-121 **Alamy Images:** Diarmuid Toman (c). 120 **Jón Baldur Hlíðberg (www.fauna.is):** (cdb). **Corbis:** Visuals Unlimited / David Wrobel (cia). **naturepl.com:** David Shale (bd); Doc White (bi). 121 **Alamy Images:** Roberto Nistri (cb). **FLPA:** Norbert Wu (c). **Getty Images:** Dan Kitwood (ca). **naturepl.com:** David Shale (cia, cda). **Corbis:** Wim van Egmond / Visuals Unlimited (bd); Visuals Unlimited (cb/pez-ballena flácido); Norbert Wu / Science Faction (cd). 122 **Alamy Images:** Blickwinkel (bi). **Dorling Kindersley:** Jerry Young (c, ebi). **Getty Images:** DEA / A. Calegari (cb). 122-123 **Alamy Images:** Stocktrek Images / Michael Wood (bc). **Corbis:** Minden Pictures / Norbert Wu (sc). 123 **Alamy Images:** Blickwinkel (cda). **Dorling Kindersley:** Natural History Museum, Londres (sc); Linda Pitkin (sd). **Fotolia:** poco_bw (c). 124 **Dreamstime.com:** Stephan Pietzko (cib). **FLPA:** (cd). **Getty Images:** Ken Lucas (ci). 124-125 **FLPA:** OceanPhoto (bc). **Science Photo Library:** Tom Mchugh (c). 126-127 **Superstock:** Chris Mattison / age fotostock. 128 **Photoshot:** James Carmichael Jr (ca, bi). **Science Photo Library:** Dr. Morley Read (cia). 130 **Getty Images:** Photodisc / Life On White (ci); Purestock (cib). 131 **Corbis:** All Canada Photos / Jared Hobbs (cdb). 132 **Corbis:** Minden Pictures / Piotr Naskrecki (sc). **Dreamstime.com:** Mgkuijpers (cd). **FLPA:** Imagebroker / Winfried Schäfer (cib); Photo Researchers (cda). **naturepl.com:** Michael D. Kern (bc). 133 **Corbis:** Minden Pictures / Stephen Dalton (c); Reuters / José Luis Saavedra (sc). **FLPA:** Minden Pictures / Michael & Patricia Fogden (sd); Minden Pictures / Piotr Naskrecki (ca). 134-135 **Getty Images:** Gail Shumway. 136 **FLPA:** Photo Researchers (sd). **naturepl.com:** Nature Production (bi). **Science Photo Library:** Dante Fenolio (cb). 137 **Alamy Images:** Ladi Kirn (sd); Vibe Images / Jack Goldfarb (cd). **Corbis:** Minden Pictures / Pete Oxford (si). **Dreamstime.com:** Jason P. Ross (bd). **Getty Images:** Visuals Unlimited, Inc. / Michael Redmer (cdb). **naturepl.com:** Barry Mansell (cda). **Science Photo Library:** E. R. Degginger (bc). 140-141 **Dreamstime.com:** Lloyd Luecke (sc). 140 **Corbis:** Minden Pictures / SA Team / Foto Natura (bi); David A. Northcott (cdb). **Dorling Kindersley:** Jerry Young (bd). **Dreamstime.com:** Amwu (sc). 141 **Corbis:** Visuals Unlimited / Michael Redmer (cb). **Dreamstime.com:** Peter Leahy (cdb). **Getty Images:** Visuals Unlimited, Inc. / Michael Redmer (ca). 142 **Dreamstime.com:** Checco (cdb). 143 **Corbis:** Imagemore Co., Ltd (cb). **Dorling Kindersley:** Jerry Young (cd, ci, bd). **Dreamstime.com:** Amwu (cda). 145 **Alamy Images:** Searagen (bd). **Dorling Kindersley:** Jerry Young (cdb). 146 **Getty Images:** Mint Images / Frans Lanting (c). **Photoshot:** A. N. T. Photo Library (sc); Ken Griffiths (ca). 148-149 **Getty Images:** Cordier Sylvain. 150 **Alamy Images:** Michal Cerny (cdb). **Corbis:** Auscape / Minden Pictures / Jean-Paul Ferrero (cd); David Northcott (cia).

Dorling Kindersley: Diego Reggianti (cda). 151 **FLPA:** Minden Pictures / Mitsuhiko Imamori (cib); Minden Pictures / Michael & Patricia Fogden (cdb). **Getty Images:** Joel Sartore (si). 154-155 **Getty Images:** Mark Kostich. 156 **Alamy Images:** Jan Csernoch (cb). **Dorling Kindersley:** Jerry Young (ca). **Dreamstime.com:** Nico Smit (bi). **Getty Images:** Minden Pictures / Mike Parry (ci). 156-157 **Photoshot:** Andrea & Antonella Ferrari (bc). 157 **Alamy Images:** Prisma Bildagentur AG/ Dani Carlo (cia). **Corbis:** Minden Pictures / Pete Oxford (cib); Minden Pictures / Luciano Candisani (cdb). **Dreamstime.com:** Lukas Blazek (c). **Getty Images:** Age Fotostock / Morales (bd). 160 **Alamy Images:** Holger Ehlers (bd). **Corbis:** Eurasia Press / Steven Vidler (cd). **FLPA:** Minden Pictures / Tui De Roy (cda, bi). 161 **Alamy Images:** Images of Africa Photobank / David Keith Jones (c). **Dreamstime.com:** Tomas Pavelka (sd). **Getty Images:** Nigel Pavitt (si). 162 **Corbis:** (ca); Kevin Schafer (cda). 163 **Dorling Kindersley:** Mike Lane (cd); Ian Montgomery (bc); Markus Varesvuo (cib); Jari Peltomaki (ci); Judd Patterson (cb); Brian E. Small (ca). **FLPA:** John Hawkins. 164 **Dorling Kindersley:** Tom Grey (si); Brian E. Small (esd). 165 **Alamy Images:** Genevieve Vallee (cia). **Corbis:** Martin Harvey (ca). **Dorling Kindersley:** Bob Steele (cda). **FLPA:** Martin B. Withers (cb). **Science Photo Library:** Michael Mccoy (si). 168-169 **Corbis:** Minden Pictures / Pete Oxford. 169 **Alamy Images:** paul abbitt rml (bc). 170 **Alamy Images:** Regis Martin (cia). **Dorling Kindersley:** Brian E. Small (bc). **FLPA:** John Watkins (si); Ignacio Yufera (cib). **Getty Images:** Nigel Pavitt (cdb). 171 **Alamy Images:** Peter Fakler (sc). **Dorling Kindersley:** Brian E. Small (c). **Getty Images:** Jared Hobbs (bd); J. & C. Sohns (si). 172 **Dorling Kindersley:** Brian E. Small (cda, ca). 173 **Dorling Kindersley:** E. J. Peiker (cdb); Bob Steele (cia, ci); Brian E. Small (ebd). **FLPA:** Ignacio Yufera (bi). 174-175 **Corbis:** All Canada Photos / Glenn Bartley. 176 **Dorling Kindersley:** Mike Danzenbaker (bd); Robert Royse (ecd); Garth McElroy (eci); Bob Steele (cb); Brian E. Small (ecda, ci); Brian E. Small (ecdb). **Getty Images:** Visuals Unlimited, Inc. / Glenn Bartley (cib). 177 **Alamy Images:** George Reszeter (ci). **Corbis:** Kevin Schafer (bd). **Dorling Kindersley:** Mike Danzenbaker (c). **Getty Images:** Jay B. Adlersberg (cia). 178 **Corbis:** Winfried Wisniewski (cdb). **FLPA:** Rolf Nussbaumer (sd). **Getty Images:** Matti Suopajärvi (cia). 179 **Corbis:** Minden Pictures / Foto Natura / Grzegorz Lesniewski (si). **Dorling Kindersley:** Alan Murphy (cdb). **FLPA:** Mark Sisson (sd). 180 **Fotolia:** Eduardo Rivero (cd). **Getty Images:** Kevin Schafer (ci). 181 **Dorling Kindersley:** Brian E. Small (cdb). **Fotolia:** Impala (cib). **Getty Images:** CR Courson (sd). 184 **Dorling Kindersley:** The National Birds of Prey Centre, Gloucestershire (ci). 185 **Dorling Kindersley:** Chris Gomersall Photography (bi); The National Birds of Prey Centre, Gloucestershire (ca, cd). 186 **Dorling Kindersley:** The National Birds of Prey Centre, Gloucestershire (si, cda, bc); Pert S. Weber (c). 186-187 **Corbis:** Minden Pictures / Gerry Ellis. 188 **Dorling Kindersley:** E. J. Peiker (ci); South of England Rare Breeds Centre, Ashford, Kent (sd); Markus Varesvuo (sc); Brian E. Small (si, cda). 189 **Corbis:** All Canada Photos / Glenn Bartley (sc, si). **Dorling Kindersley:** Garth McElroy (cda); Steve Young (ca). 190 **Corbis:** Nick Rains (c). **Dreamstime.com:** Lukas Blazek (cd); Inaras (ecd); Nico Smit (bc); Olga Khoroshunova (bd). **Getty Images:** Photographer's Choice RF / Frank Krahmer (ci). 191 **Corbis:** Galen Rowell (bc). **Dreamstime.com:** Gentoomultimedia (cdb); **Dorling Kindersley:** Cotswold Wildlife Park (si). **FLPA:** Minden Pictures / Tui De Roy (bd). **Getty Images:** Darrell Gulin (sd); Nigel Pavitt (sc). **Photoshot:** John Shaw (cd). 192-193 **Getty Images:** Mint Images / Frans Lanting. 194 **Corbis:** Joe McDonald (sd); Robert Harding World Imagery / Peter Barritt (cd). **Dorling Kindersley:** Chris Gomersall Photography (bc); Roger Tidman (bd); David Cottridge (bi). 195 **Dorling Kindersley:** Brian E. Small (sc); Roger Tidman (bi). **Getty Images:** Josh Manring - JourneymanGallery.com - Travel Photographer (bc). 196 **Dorling Kindersley:** Brian E. Small (bi). **FLPA:** Minden Pictures / Tui De Roy (bc); Tui De Roy (sd). **Fotolia:** Imagevixen (cda); Petergyure (bd). 197 **Dorling Kindersley:** Judd Patterson (cb); Brian E. Small (cdb, ci). **Dreamstime.com:** Worakit Sirijinda (bd). **FLPA:** John Holmes (sd). **Fotolia:** CPJ Photography (cd); Impala (ecdb). **Getty Images:** Mint Images / Frans Lanting (ca). 198-199 **Corbis:** Theo Allofs (c). 200 **Corbis:** Eric y David Hosking (ecda); Minden Pictures / Foto Natura / Jasper Doest (c). **Dorling Kindersley:** Mike Lane (cda); Brian E. Small (sd, ecia); Bob Steele (sc). **Dreamstime.com:** Mirceax (bc). 201 **Corbis:** Frank Lukasseck (cd). **Dorling Kindersley:** Melvin Grey (bi). **naturepl.com:** José B. Ruiz (sd). 202 **Alamy Images:** Craig Ingram (cda). **Dorling Kindersley:** Robert Royse (ca); Bob Steele (cdb). **Getty Images:** Glenn Bartley (sd). 203 **Alamy Images:** Keith J. Smith (bc). **Dorling Kindersley:** Chris Gomersall Photography (esi); Kevin T. Karlson (si); Garth McElroy (cda); George McCarthy (cb). **FLPA:** Steve Young (bi). **Getty Images:** Dieter Schaefer (bd). 204 **Dorling Kindersley:** Mike Danzenbaker (sd); Hanne and Jens Erikson (esi); Melvin Grey (si); Brian E. Small (esd); E. J. Peiker (eci); Mike Lane (c); Bob Steele (ecd, cib); Tomi Muukonen; Robert Royse (bi). **Dreamstime.com:** David Steele (bc). **FLPA:** IMAGEBROKER / INGO SCHULZ (bd). 204-205 **FLPA:** Yossi Eshbol (ca). 205 **Dorling Kindersley:** E. J. Peiker (bc); Brian E. Small (cdb); Bob Steele (cd). **Dreamstime.com:** Edurivero (sd). **FLPA:** Mike Lane (si); James Lowen. 206-207 Corbis: Naturbild / Lars-Olof Johansson. 208 **Dorling Kindersley:** Brian E. Small (cda, ecd). **Dreamstime.com:** Foxyjoshi (sd); Susan Robinson (bc). **FLPA:** Imagebroker / Rolf Nussbaumer (cib). 209 **Corbis:** Frans Lemmens (ca). **Dorling Kindersley:** Robert Royse (cia); Brian E. Small (bd, ebd). **FLPA:** David Hosking (cb). 210 **Dorling Kindersley:** Alan Murphy (ca); Jari Peltomaki (sc); Brian E. Small (esd). **Dreamstime.com:** Rossco (si). **FLPA:** Hugh Lansdown (ecda). **Getty Images:** Nacivet (ecdb); Roberta Olenick (cdb). 211 **Dorling Kindersley:** Brian E. Small (ca). **Getty Images:** Vishdesh photography (cda). **Photoshot:** Marie Read (si). 212 **Alamy Images:** Greg C. Grace (ebi). **Dorling Kindersley:** Garth McElroy (cb); Brian E. Small (sd, ecdb). **FLPA:** David Tipling (sc). 213 **Corbis:** Joe McDonald (cda). **Dorling Kindersley:** Chris Gomersall Photography (ecib); Brian E. Small (cib, bc). **FLPA:** Imagebroker / Rolf Nussbaumer (cb). 214-215 **Photoshot:** Dave Watts (c). 218 **Corbis:** Steve Parish Publishing (c). **Dreamstime.com:** Brian Lasenby (sd). **FLPA:** Jurgen & Christine Sohns (cdb); Martin B. Withers (cd, cb). 219 **Dorling Kindersley:** Ian Montgomery (cdb). **Dreamstime.com:** Eastmanphoto (c). **FLPA:** Photo Researchers (cb); Eric Woods (sd). 220 **Corbis:** EPA / Julian Smith (si); Minden Pictures / Auscape / Glen Threlfo (cda). **Dreamstime.com:** Marco Tomasini (b). **FLPA:** Martin B. Withers (c). 221 **Alamy Images:** Gerry Pearce (si). **Corbis:** Steve Kaufman (bd). **FLPA:** Gerry Ellis (bi); Martin B. Withers (c, ci). 222 **Dorling Kindersley:** Jerry Young (ci). **Dreamstime.com:** Eastmanphoto (c). **FLPA:** Imagebroker / Nico Stengert (cd). **Fotolia:** Eric Isselée (b). **Getty Images:** Tom Brakefield (cdb). **naturepl.com:** Luiz Claudio Marigo (cib). 223 **Dorling Kindersley:** Greg e Yvonne Dean (sd). **Dreamstime.com:** Isselee (cib). **FLPA:** ImageBroker (ci); Minden Pictures / Kevin Schafer (sc); Frans Lanting (cdb). **Getty Images:** Nigel Dennis (c). **Photoshot:** Gerald Cubitt (bd); Jany Sauvanet (cb). 224 **Dorling Kindersley:** Rollin Verlinde (cb); Jerry Young (bi). **Dreamstime.com:** Martinsevcik (c); Naasrautenbach (cdb). **FLPA:** David Hosking (bc); Konrad Wothe (sd); Minden Pictures / ZSSD (ci); S & D & K Maslowski (bd). 224-225 **Photoshot:** Photo Researchers (c). 225 **Dorling Kindersley:** Rollin Verlinde (cib, bi, bd). **Dreamstime.com:** Melinda Fawver (bc). **FLPA:** Biosphoto / Daniel Heuclin / B (si); Biosphoto / Gregory Guida (sd); Panda Photo (c); S & D & K Maslowski (cdb); Chris & Tilde Stuart (cb). **naturepl.com:** Nature Production (cda). 226-227 **stevebloom.com.** 228 **Dreamstime.com:** Samfoto (bd). **naturepl.com:** Barry Mansell (c). 229 **Corbis:** Minden Pictures / Donald M. Jones (cda). **Dreamstime.com:** Rafael Ángel Irusta Machín (sc); Peter.wey (c); Derrick Neill (bd). **FLPA:** Martin B. Withers (si). **Getty Images:** Purestock (bc). **Science Photo Library:** C. K. Lorenz (cdb). 230 **Corbis:** Joe McDonald (c); Minden Pictures / Ch'ien Lee (sd). **Dorling Kindersley:** Rollin Verlinde (cdb). **Dreamstime.com:** Isselee (ci, ecd). 231 **Dorling Kindersley:** Josef Hlasek (cib). **Dreamstime.com:** Docbombay (sd); Sergey Uryadnikov (bi). **FLPA:** Frank W Lane (cb); Minden Pictures / Michael & Patricia Fogden (cda); S & D & K Maslowski (cia). **Fotolia:** Mgkuijpers (si). **Getty Images:** David Campbell (ca); Peter Schoen (cdb). 232 **Corbis:** Ocean (ebd). **Dreamstime.com:** Erllre (bc); Isselee (cd). **National Geographic Creative:** Joel Sartore (bi). 233 **Dreamstime.com:** Jarous (si). **FLPA:** ImageBroker (cda). 234 **FLPA:** Bernd Rohrschneider (cia). **naturepl.com:** Pete Oxford (ca). 235 **Dorling Kindersley:** Thomas Marent (ecd). **Dreamstime.com:** Davthy (cb). **FLPA:** ImageBroker (bi); Minden Pictures / Chien Lee (sd); R & M Van Nostrand (c); Minden Pictures / Pete Oxford (cdb); Minden Pictures / Konrad Wothe (cib); Chien Lee (ca). **Getty Images:** Mint Images (cd). **naturepl.com:** Jabruson (ci). 236 **Dorling Kindersley:** Cortesía del Twycross Zoo, Atherstone, Leicestershire (bc); Ian Montgomery (sd); Jerry Young (ecd). **Dreamstime.com:** Eric Gevaert (bi). **FLPA:** Minden Pictures / Thomas Marent (cib); Jurgen & Christine Sohns (eci). **naturepl.com:** Eric Baccega (cd); Bernard Castelein (cda). 237 **Dorling Kindersley:** Cortesía del Twycross Zoo, Atherstone, Leicestershire (bi). **FLPA:** Minden Pictures / Thomas Marent (sc). **Corbis:** Suzi Eszterhas / Minden Pictures (ci). 238-239 **Dorling Kindersley:** Thomas Marent. 240 **Alamy Images:** Amazon-Images (cb). **Corbis:** Minden Pictures / Thomas Marent (cib). **Dorling Kindersley:** Jerry Young (ecdb, bc). **Dreamstime.com:** Laurent Renault (ecd); Wojphoto (cdb). **FLPA:** Jurgen & Christine Sohns (cda). 241 **Dorling Kindersley:** Exmoor Zoo, Devon (c); Jerry Young (cdb). **FLPA:** Frans Lanting (s). **Fotolia:** Eric Isselée (bd). 242-243 **Dreamstime.com:** Benjamin Schalkwijk (c). 242 **Corbis:** Minden Pictures / Thomas Marent (bi); Visuals Unlimited / Thomas Marent (sd). **Dorling Kindersley:** Jerry Young (ci, bd). **naturepl.com:** Suzi Eszterhas (bc). 243 **Alamy Images:** The Africa Image Library (bc). **Getty Images:** Comstock (ca). 244 **Dorling Kindersley:** Jerry Young (cd, cb, bc). **Science Photo Library:** Merlin Tuttle (cib). 245 **Dorling Kindersley:** Greg e Yvonne Dean (ci); Natural History Museum, Londres (cd). 246-247 **Dorling Kindersley:** Rollin Verlinde (c). 246 **FLPA:** Minden Pictures / Michael Durham (bi). 247 **Dorling Kindersley:** Rollin Verlinde (si, c, bi); Jerry Young (sc). **Dreamstime.com:** Stevenrussellsmithphotos (cda). **Getty Images:** Kelley Miller (bc). **Science Photo Library:** B. G. Thomson (cb). 248-249 **Corbis:** Minden Pictures / Konrad Wothe. 250 **Dorling Kindersley:** Jerry Young (ci, cdb, bc). **FLPA:** David Hosking (bd); ImageBroker (bi). **Getty Images:** Tom Brakefield (cd). 251 **Dorling Kindersley:** Jerry Young (sc, cia, ca, cb, bd, bi). 252-253 **Dreamstime.com:** Jens Klingebiel (c). 252 **Corbis:** Design Pics / Deb Garside (bd). 253 **Dreamstime.com:** Mikhail Blajenov (bi); Petr Mašek (s). **Fotolia**: Wusuowei (bd). 254-255 **Dreamstime.com:** Mirage3. 256 **Dreamstime.com:** Perseomedusa (c); Vladimir Seliverstov (bi). **FLPA:** Pete Oxford (sc). 256-257 **FLPA:** Gerard Lacz (sc). 257 **Dreamstime.com:** Africapics (bc); Brendan Van Son (bd); Pablo Caridad (sd); Vladimir Melnik (cib); Ongm (cb). 258 **Corbis:** Tom Brakefield (cia); Daniel J. Cox (c). **Dorling Kindersley:** Philip Dowell (bi). **Dreamstime.com:** Jeff Grabert (cdb). 259 **Corbis:** Frank Lane Picture Agency / Terry Whittaker (c). **Dreamstime.com:** Lukas Blazek (ca); Isselee (bc). 260 **Dorling Kindersley:** Berlin Zoo (cd). **Dreamstime.com:** Lukas Blazek (bi). **Fotolia:** Sarah Cheriton-Jones (ca). 261 **Alamy Images:** Terry Whittaker (bd). **Corbis:** Ocean (ci); Kevin Schafer (sc). **Dreamstime.com:** Rafael Ángel Irusta Machín (cda); Outdoorsman (ca). 262-263 **FLPA:** Bernd Zoller / Imagebroker. 264-265 **Dreamstime.com:** Lukas Blazek (c). 264 **Dorling Kindersley:** Rollin Verlinde (cib). **Dreamstime.com:** Jeanninebryan (ca). **FLPA:** Mike Lane (bd); L. Lee Rue (c). 265 **Dreamstime.com:** Meoita (cb). **FLPA:** Silvestris Fotoservice (bd); Minden Pictures (cda); W. T. Miller (ca). 266-267 **Getty Images:** Peter Chadwick (cb). 266 **Dorling Kindersley:** Marwell Zoological Park, Winchester (cib). **FLPA:** Biosphoto / Patrice Correia (bi); Minden Pictures / Suzi Eszterhas (sc); Martin B. Withers (cb); Philip Perry (bc). 267 **Alamy Images:** Arco Images GmbH (si); Sebastian Frlich / mauritius images GmbH (bd). **Corbis:** Reuters / China Photo (cb). **Dorling Kindersley:** Berlin Zoo (bc). **Dreamstime.com:** Lukas Blazek (sd); Smellme (bi). **FLPA:** Cyril Ruoso (cia). **naturepl.com:** Jabruson (cd). **Photoshot:** Nick Garbutt (ca). 268-269 **Getty Images:** Thomas Dressler. 270-271 **Alamy Images:** Jeremy Cozannet (sc). **Dreamstime.com:** Susan Pettitt (bc). 270 **Dreamstime.com:** Pavel Cheiko (bd); Judy Whitton (bi). 271 **Dreamstime.com:** Lukas Blazek (sc). 272 **Corbis:** Minden Pictures / Theo Allofs (bi). **Dreamstime.com:** Bahadir Yeniceri (bd). 273 **Dorling Kindersley:** Persimmon (caballo) pertenece a Pat y Joanne Maxwell, Lodge Farm Arabian Stud, Oxon (bd). **Dreamstime.com:** Tracie Grant (cd). 274-275 **Getty Images:** Ingram Publishing. 276 **Dreamstime.com:** F9photos (sd); Michael Flippo (ci); Isselee (c). 277 **Dreamstime.com:** Anankkml (sd); Isselee (bc); Efesan (ebd). **FLPA:** Michael Gore (cdb); Martin B. Withers (cib); Ariadne Van Zandbergen (sc). 278 **Alamy Images:** Bill Gozansky (bi). **Corbis:** Visuals Unlimited / Adam Jones (c). **FLPA:** David Hosking (bd). **Getty Images:** Digital Vision (cia). **Photoshot:** Paul Brough (eci). 279 **Dreamstime.com:** Mikhail Blajenov (sc); Frameangel (bc); Prillfoto (c); Robin Winkelman (eci); Dragoneye (sd); Lukas Blazek (bd). **FLPA:** ImageBroker (bi). 280-281 **Corbis:** Reuters / HO / San Diego Zoo / Ken Bohn. 282 **Dorling Kindersley:** Rough Guides (ci). **Dreamstime.com:** Scattoselvaggio (bc). **Fotolia:** Anankkml (bi). 282-283 **Dreamstime.com:** Stephenmeese (ca). 283 **Alamy Images:** Christian Zappel / Westend61 GmbH (cd).**Corbis:** Minden Pictures / Claus Meyer (si). **Dorling Kindersley:** Marwell Zoological Park, Winchester (c). **Dreamstime.com:** Handsomepictures (sc); Tony Northrup (bc); Helen Panphilova (bd); Smellme (cb); Paul Schneider (sd). 284 **Corbis:** DLILLC (bd). **Getty Images:** Fotosearch (bc). 285 **Alamy Images:** Paul Springett C (sc). **Dreamstime.com:** Hasanugurlu (cda). **Fotolia:** StarJumper (bi). **Getty Images:** LatitudeStock / Patrick Ford (bc). 286-287 **FLPA:** Frans Lanting. 292-293 **Corbis:** John Hyde / AlaskaStock. 294-294 **Dorling Kindersley:** Philip Dowell (bc). 296 **Corbis:** Dennis Kunkel Microscopy, Inc. / Visuals Unlimited (sd). 300 **Dorling Kindersley:** Natural History Museum, Londres (si). 302 **Dorling Kindersley:** Staab Studios / Geoff Brightling - maquetistas (si)

Imágenes de la cubierta: *Cubierta frontal:* **Alamy Images:** Robert Eastman (ecda); **Corbis:** The Food Passionates (cdb); **Dorling Kindersley:** Natural History Museum, Londres (ecib), Staab Studios / Geoff Brightling - maquetistas (si); **Dreamstime.com:** Amwu (eci), Isselee (cia, cda); *Contracubierta:* **Alamy Images:** Juniors Bildarchiv GmbH (bi); **Corbis:** Visuals Unlimited / Alex Wild (sc); **Dorling Kindersley:** Natural History Museum, Londres (esi), Markus Varesvuo (ca), Weymouth Sealife Centre (si); **Dreamstime.com:** Isselee (sd, bd); **Getty Images:** Tom Brakefield (cd), Mint Images / Frans Lanting (cda); *Lomo:* **Dorling Kindersley:** Natural History Museum, Londres (c); **Dreamstime.com:** Isselee (cb)

Resto de las imágenes © Dorling Kindersley
Para información adicional ver: www.dkimages.com